Lectura contemporánea de los clásicos

Saúl López Noriega y Rodolfo Vázquez

COORDINADORES

¿Por qué leer a Smith hoy?

MONTABER

¿Por qué leer a Smith hoy?

Alfonso Ruiz Miguel
Isaac Katz
Pablo Larrañaga

editorial **fontamara**

MONTABER

Colección: LECTURA CONTEMPORÁNEA DE LOS CLÁSICOS

¿POR QUÉ LEER A SMITH HOY?
1.ª edición (2011), 2.ª edición (2016), Distribuciones Fontamara, SA, México,
ISBN 978-607-736-335-4
3.ª edición, octubre 2024

© Distribuciones Fontamara, SA
© de esta edición, ICG Marge, SL

Edita: Montaber
Director editorial: David Soler
Brutau, 160 – 08203 Sabadell (Barcelona)
Tel. 931 429 486 – montaber@montaber.es
www.montaber.es

Impresión: Safekat, SL (Madrid)

ISBN edición impresa: 978-84-10238-60-2
ISBN edición digital: 978-84-10238-55-8
Depósito Legal: B 17272-2024

El papel empleado en este libro no ha sido blanqueado con cloro elemental (CI$_2$).

Presentación

El presente libro forma parte de la colección *Lectura Contemporánea de los Clásicos*, cuya finalidad consiste en analizar la obra de destacados pensadores de la filosofía jurídica y política, y releerla a partir de los retos de las sociedades modernas. De ahí que el propósito último de este proyecto sea despertar la curiosidad por los clásicos, discutir su obra e insertarla en el debate contemporáneo, siguiendo siempre la máxima de Ítalo Calvino: "Un clásico es un libro que nunca termina de decir lo que tiene que decir."

Esta relectura, sobra subrayarlo, no pretende sacralizar autores ni convertir libros en escrituras sagradas. El propósito, por el contrario, es una revisión fresca y crítica del edificio teórico y conceptual de cada obra, sin olvidar el otro gran objetivo de la colección: los nuevos desafíos que enfrentan las democracias modernas y, en concreto, las asignaturas pendientes de la incipiente democracia mexicana. Así, con este firme compromiso, nos decidimos por dirigir la mira a la obra de un clásico indiscutible: Adam Smith.

La pregunta que, una vez más, planteamos es simple pero fundamental: ¿Por qué leer hoy a Smith? ¿Qué sentido tiene, en los albores del siglo XXI, acercarse a la obra de este economista y filósofo? ¿Qué relevancia tiene hoy su obra, después de la crisis económica mundial de 2008 y 2009, en el perenne debate respecto el papel del Estado en la economía de libre mercado? Ésta fue la interrogante con la cual buscamos provocar la reflexión de tres agudos estudiosos de la obra de Adam Smith. El resultado de esta reflexión se encuentra precisamente a lo largo de las páginas de esta compilación.[*]

En primer lugar, está el texto de Alfonso Ruiz Miguel, donde explica con elegancia y erudición que la obra de Smith no es un conjunto de textos inconexos de econo-

---

[*] Los textos presentados en esta edición fueron leídos en la mesa redonda "¿Por qué leer a hoy a Adam Smith?", que se llevó a cabo en el Instituto Tecnológico Autónomo de México (ITAM), Ciudad de México, el 11 de marzo de 2010.

mía, derecho y moral. Por el contrario, se trata de una concepción filosófica coherente y unitaria que hoy en día sigue ofreciendo ideas vigentes y abiertas para la discusión de los problemas de las democracias modernas. De esta manera, Ruiz Miguel considera que desde el ámbito de la ética vale debatir la propuesta de Smith de la relación entre razón y pasión como una alternativa frente a dos intentos de reducir la ética a racionalidad: la instrumental o prudencial y la formal o lógica. En la arena jurídica, por su parte, Ruiz Miguel considera que Smith nos presenta por lo menos dos temas de enorme relevancia: la cuestión de la naturaleza descriptiva o normativa de la teoría jurídica y el importante tema de la interpretación del derecho. Por último, el autor señala que desde la perspectiva económica urge rescatar la idea de Smith de que la economía tiene, y debe tener, estrechas conexiones con la ética y política.

En el texto de Isaac Katz, el autor recorre la obra de Smith con el propósito de explicar y reivindicar los pilares de su teoría económica. Frente a los prejuicios que giran alrededor de ésta, que en no pocas ocasiones propician críticas infundadas, Katz considera que es necesario regresar a estudiar y reflexionar varios de sus principales postulados económicos. El lector, por tanto, encontrará en este texto una aguda y provocadora posición respecto a ideas centrales como libertad individual, egoísmo, bienestar social, Estado, seguridad jurídica, competencia, progreso económico, etc. Las cuales, en conjunto, subraya Katz, representan la enorme aportación de Smith al pensamiento económico.

Leer a Adam Smith no sólo es importante sino también interesante. Con su libro *Investigación sobre la naturaleza y las causas de la riqueza de las naciones* nació un nuevo paradigma en la teoría económica. No hay duda que hay un antes de Smith y uno después de él. Su obra es el parteaguas. Haber puesto la libertad y la búsqueda de la maximización del bienestar individual por sobre cualquier otra cosa, en un contexto en el cual los individuos cooperan entre sí, sujetos a una determinada moral que limita sus actos, se constituye sin duda como la principal contribución de Smith no sólo al pensamiento económico, sino al progreso y desarrollo de la humanidad.

En el ensayo de Pablo Larrañaga, se busca entrelazar la teoría económica de Smith con algunos aspectos de su concepción del derecho. El resultado es una fresca lectura de varios de los problemas actuales de las sociedades democráticas que se derivan de las relaciones entre el gobierno y la economía y, por ende, entre la ciencia política, el derecho y la economía. Larrañaga, de esta manera, reflexiona y discute con la obra de Smith para abordar el complejo tema de la regulación. ¿Cómo debe el derecho organizar las relaciones entre el Estado y la economía en las sociedades de mercado? La respuesta rebasa obviamente los alcances del texto e, incluso, de la colección. Sin embargo, el autor ofrece argumentos sólidos para seguir su consejo final: pensar hoy en día el tema de la regulación exige voltear a la obra de Adam Smith.

En mi opinión, lamentablemente todavía nos falta un largo trecho para reconocer que Smith no estaba errado cuando en sus *Lectures on Jurisprudence* trataba las cuestiones de *autoridad* y de *utilidad* bajo un mismo rótulo: "Original Principles of Govornmont". Falta todavía tiempo, me temo, para reconocer que cuando hablamos de Smith no se trata de un clásico suyo (de los economistas) ni, desde luego, nuestro (de los juristas), sino un clásico de la regulación: un clásico sin *pedigree*, como los perros callejeros y los buenos reguladores: mestizos, resistentes y… tristemente, menos atendidos de lo que merecen.

ALFONSO RUIZ MIGUEL*

I. Adam Smith como clásico

1. De nuevo Adam Smith

En un bello escrito, Ítalo Calvino propuso catorce razones subrayadas y numeradas por las qué leer a los clásicos, aunque en su más amplio comentario ofreció por lo menos otras dos más. En una ocasión anterior seleccioné cuatro de aquellas razones explícitamente numeradas,[1] y en esta ocasión, al releerlas de nuevo pensando en Adam Smith, quisiera recordar seis de aquellas dieciséis razones porque son las que ahora me parecen especialmente pertinentes e iluminadoras. Son las siguientes:

1. Los clásicos son esos libros de los cuales se suele oír decir: "Estoy releyendo…" y nunca "Estoy leyendo…"
2. Se llama clásicos a los libros que constituyen una riqueza para quien los ha leído y amado, pero que constituyen una riqueza no menor para quien se reserva la suerte de leerlos por primera vez...
4. Toda relectura de un clásico es una lectura de descubrimiento como la primera.
6. Un clásico es un libro que nunca termina de decir lo que tiene que decir.
(15.) … los clásicos sirven para entender quiénes somos y adónde hemos llegado…
(16.) … no se crea que los clásicos se han de leer porque "sirven" para algo. La única razón que se puede aducir es que leer los clásicos es mejor que no leer los clásicos.

Como se podrá observar, en las tesis de Calvino no dejan de aparecer algunas paradojas, por indicar dos: si de los clásicos se *suele* decir "estoy releyendo", enton-

---

* Este texto se presentó originalmente con el título "Leer a Adam Smith hoy: de la moral a la economía".

[1] Cf. Ruiz Miguel, 2009, p. 15.

ces no es cierto que *nunca* se afirme "Estoy leyendo..."; y por otro lado, si los clásicos sirven para entendernos a nosotros mismos, ¿por qué no han de leerse también porque "sirvan" para algo? Pero ver paradojas y contradicciones es parte de la gracia de la lectura de los clásicos, pues seguramente no hay ningún autor importante que no dé lugar a dudas y preguntas sobre la interpretación más íntegra y coherente de su pensamiento.

En todo caso, Adam Smith es un clásico genuino porque cumple bien todas las razones de Calvino, que podrían resumirse en la sencilla moraleja de que un clásico es quien sigue mereciendo ser releído. Además, como clásico, Smith es un autor particularmente debatido, que ha dado lugar a distintas y hasta opuestas interpretaciones. Su obra no está libre de algunas notables paradojas, aunque no necesariamente irresolubles. La más importante y conocida de ellas, a la que en el siglo XIX la doctrina económica alemana calificó como "Das Adam Smith Problem", destaca la supuesta contradicción entre el moralista que en la *Teoría de los sentimientos morales* caracteriza al ser humano por su simpatía benevolente hacia los demás y el economista que en la *Riqueza de las naciones* coloca al interés egoísta como protagonista de la conducta ordinaria de los hombres.

El presente escrito es una reelaboración de los principales materiales del seminario organizado por el Instituto Tecnológico Autónomo de México (ITAM) en la última semana de febrero de 2010, donde, gracias a la generosa y hospitalaria invitación de Rodolfo Vázquez y Saúl López Noriega, tuve el gusto de debatir distintas ideas, entre otros, con Isaac M. Katz y con Pablo Larrañaga. Se trata de materiales que en buena parte recuperan mi "Introducción" a la edición en castellano, de hace ya quince años, de una de las dos versiones de las *Lecciones de jurisprudencia* de Smith.[2] No obstante, además de los cambios de orden expositivo y de diversas precisiones, e incluso rectificaciones, el presente texto contiene abundantes adiciones y, sobre todo, nuevas reflexiones y comentarios, como no podía ser menos tras la copiosa bibliografía que ha seguido apareciendo sobre Smith en los últimos años.[3] Lo que, por si fuera necesario, no viene sino a confirmar que estamos ante un clásico que se sigue leyendo e interpretando.

2. Notas sobre su vida y su obra

Adam Smith vivió entre 1723 y 1790, es decir, en los años centrales del siglo XVIII, un siglo convulso por las guerras y revoluciones que lo cruzaron de principio

---

[2] Véase Ruiz Miguel, 1996.

[3] En concreto, en el presente escrito son prácticamente nuevos los apartados I (que integra el breve apartado 1 de Ruiz Miguel, 1996) y V (salvo el V.2, que reproduce con pocos cambios el apartado 4 del escrito anterior), así como II.1, II.3, II.4, III.3, IV.3 y IV.4; en el resto, son numerosas las correcciones y adiciones.

a fin. Recuérdese que el siglo se abre con la larga guerra de sucesión en España (1702-1713), que tras dividir a Europa instaura allí la dinastía de los Borbones, y se cierra con una fracasada insurrección por la independencia irlandesa (1799). Entre medias se volvió a producir una guerra entre Inglaterra y España, prácticamente coetánea con la guerra de secesión en Austria (1739/1740-1748), se declaró la guerra de los siete años entre los distintos países europeos (1756-1763), se concluyó la guerra de independencia de Estados Unidos (1775-1783) y se produjo la Revolución francesa (1789). A su vez, la Revolución francesa abrió enseguida el convulso periodo de las guerras de la mayoría de los países europeos contra la Francia revolucionaria, que enseguida tuvieron continuidad en las guerras napoleónicas hasta la derrota definitiva de Napoleón en Waterloo, en 1815.

En Europa, el siglo XVIII es, al igual que el antecesor, un siglo políticamente absolutista, en el que Luis XIV, el monarca absoluto por excelencia, comenzaría reinando sobre Francia, sucediéndole dos reyes no menos absolutistas: su biznieto Luis XV y el nieto de éste, Luis XVI, que sería decapitado en 1792, tras la Revolución francesa. Sobre esa pauta absolutista gobernaban las demás monarquías europeas, con la excepción del régimen británico. Desde 1689, tras la Gloriosa Revolución que dio el trono a Guillermo de Orange, Inglaterra se mantenía como monarquía constitucional, una monarquía limitada por los considerables poderes de un parlamento relativamente representativo. Además, desde 1707, con la reina Ana, Escocia se había unido a Inglaterra bajo el nombre de Gran Bretaña (sólo en 1801 se produciría la ulterior unión legislativa de Gran Bretaña e Irlanda bajo el actual nombre de Reino Unido). La vida de Smith se desarrolló durante los tres primeros reyes de la nueva casa de Hannover, que entra a reinar en 1714 con Jorge I, al que siguieron Jorge II y el rey que perdió las colonias americanas, Jorge III.

El siglo XVIII fue también el Siglo de las Luces, luces que tuvieron especial fulgor en la Ilustración escocesa, de la que Adam Smith fue uno de sus más notables representantes.[4] El primero y más importante ilustrado escocés fue, sin duda, David Hume (1711-1776), a quien Smith consideró no sólo maestro –"con diferencia, el más ilustre filósofo e historiador de la época actual",[5] dijo de él–, sino también "excelente y siempre inolvidable amigo",[6] probablemente su mayor amigo.[7] Y escoceses fueron también el precursor del utilitarismo y maestro de Smith, Francis Hutcheson (1694-1746), el filósofo del sentido común Thomas Reid (1710-1796), el filósofo e historiador John Millar (1735-1801), que fue el principal discípulo y seguidor de Smith en su tiempo, y el descubridor de la sociedad civil en sentido moderno, Adam Ferguson (1723-1816), con quien no tuvo buenas relaciones. Más allá de Escocia, tampoco fueron cordiales

---

[4] Para un documentado y minucioso estudio, remito a Wences, 2009.

[5] WN.V.i.g.3, p. 790/694.

[6] *Letter*, XLVIII.

[7] Cf. Haakonssen, 2006b, p. 1, quien añade que la amistad se formó cuando Hume tenía casi cuarenta años y Smith cerca de treinta.

sus relaciones con el ensayista y lingüista Samuel Johnson[8] (1709-1784), pero se entendió muy bien con el admirable historiador de la Roma poscristiana Edward Gibbon (1737-1794) y con el político y pensador irlandés Edmund Burke (1729-1797), el mayor crítico contemporáneo de la Revolución francesa aunque defensor de la americana. En un viaje a Francia conoció a los filósofos Voltaire (1694-1778), Helvétius (1715-1771), D'Alembert (1717-1783) y D'Holbach (1723-1789), y a los economistas François Quesnay (1694-1774), Robert Turgot (1727-1781) y Jacques Necker (1732-1804), así como es probable que se encontrara con Rousseau (1712-1778); también pudo coincidir en Londres con el padre de la Independencia americana, Benjamin Franklin (1706-1790).[9]

Adam Smith nació en 1723 en Kirkaldy,[10] un pueblo de la costa escocesa de actividad agrícola y pesquera, pero que contaba también con una pequeña fábrica de alfileres, que suministró a Smith su famosa ilustración de la división del trabajo.[11] Su familia, como él mismo más tarde, formaba parte de la clase dirigente escocesa que había apoyado la unión de Escocia con Inglaterra y se identificaba con los *whigs* frente a los partidarios de la monarquía absoluta. Durante sus estudios universitarios en el Glasgow College, entre 1735 y 1740, recibió las enseñanzas del "siempre inolvidable Dr. Hutcheson" ("the never to be forgotten Dr. Hutcheson", según sus propias palabras),[12] quien influyó particularmente en su filosofía moral y alentó su interés por el Derecho con la transmisión de la doctrina de Gershom Carmichael, que había editado el *De officio hominis et civis* de Pufendorf, cuyas huellas son patentes en la obra más jurídica de Smith.

En 1740 recibió una beca para estudios sacerdotales en la Universidad de Oxford, objetivo al que renunció pasados seis años.[13] De vuelta a Escocia, durante los dos años siguientes parece que redactó su primer escrito académico, una *History of Astronomy*,[14] y fue en 1748, con 25 años, cuando comenzó a enseñar en la universidad, primero en Edimburgo, dictando un curso sobre literatura inglesa, y a partir de 1751 en Glasgow, donde se hizo cargo de la enseñanza de la Lógica –respecto de la que mostraría poco interés– y enseguida de la cátedra de Filosofía Moral, que desempe-

---

[8] Cf. Campbell y Skinner, 1982, p. 32.

[9] Sobre los datos anteriores, cf. Viner, 1965, pp. 42ss, con las correspondientes remisiones a Rae, 1895; así como West, 1976, p. 19, y Méndez, 2004, p. 68.

[10] Sobre la vida de Smith, véase Rae, 1895, así como Méndez, 2007, pp. 13-57.

[11] La fabricación de alfileres, como ejemplo de división del trabajo, había sido anteriormente utilizada por un autor alemán, Ernest Ludwig Carl, en su *Traité de la Richesse des Princes* (1722-1723) (cit. por Méndez, 2004, p. 76 y n. 42). Eso no quiere decir que Smith recogiera la idea de ese libro, que al menos no se encuentra entre los catalogados de su amplia biblioteca personal (véase Yanaihara, 1951).

[12] Cf. Campbell y Skinner, 1982, p. 18.

[13] Estuvo en el Balliol College y extrajo una opinión muy negativa de la Universidad, de la que llegó a comentar que en ella "hace muchos años que la mayor parte de los profesores estables [*publick professors*] han abandonado incluso la ficción de que enseñan" (*WN*.V.i.f.8., p. 761/673).

[14] Cf. West 1976, p. 45.

ñó hasta enero de 1764. De ese periodo data su primera obra importante, el primero de los dos únicos libros que él mismo dio a la imprenta, en concreto en 1759: *The Theory of Moral Sentiments* (en adelante *TMS*, o también *Teoría de los sentimientos morales*). Los años inmediatamente sucesivos serían también muy productivos académicamente, pues de ellos datan sus *Lectures on Rhetoric and Belles Lettres* (1762--63) y las dos diferentes copias de sus *Lectures on Jurisprudence* [en adelante *LJ*, así como *LJ(A)* para la versión de 1762-63 y *LJ(B)* para la versión de 1763-64, aunque ésta lleva la fecha de 1766, por la que a veces también se cita].[15]

Debe observarse, sin embargo, que las anteriores lecciones son los apuntes de clase tomados por uno o varios estudiantes y que no fueron publicadas en vida de Smith, sino muchos años después. Es razonable conjeturar, sin embargo, que esos textos reflejan suficientemente su pensamiento, y así se utilizarán aquí, entre otras razones por el modo en que daba sus clases, mediante la lectura parsimoniosa de un texto previamente redactado por él. Así lo testimonia un estudiante que da cuenta del primer curso de Adam Smith, en el que tras haber intentado al principio "seguir el animado estilo de Hut[cheso]ns, explicando Ética sin papeles, paseando arriba y abajo de la clase", debió de advertir pronto que no tenía tanta facilidad para ello como su maestro y a partir de ese momento, concluye este testimonio, "*leyó con propiedad* el resto de sus valiosas lecciones desde el estrado".[16] Además, las muchas coincidencias conceptuales, y en algunas ocasiones textuales, entre las dos copias de las *LJ* reafirman la idea de que se trata de notas bastante fidedignas. Con todo, no se debe dejar de anotar que entre los escritos que el pudoroso y exigente Smith mandó destruir en su testamento, se encuentran todos los manuscritos sobre materia jurídica que había ido escribiendo con objeto de completar y cerrar su obra publicada.

Tras el anterior periodo de profesor, desde principios de 1764 hasta 1767 realizó un viaje a Europa como acompañante de un joven aristócrata, lo que le permitió pasar una buena temporada en París, donde su contacto con los dos más importantes defensores del *laissez faire, laissez passer*, los fisiócratas Turgot y Quesnay, debió influir en la concepción de la gran obra económica de Smith, que le convertiría en el iniciador de la denominada economía clásica y, a la vez, en un clásico del pensamiento: *An Inquiry into the Nature and Causes of the Wealth of Nations* (en adelante, *WN*, aunque también me referiré a ella como *Riqueza de las naciones*). Este libro, el segundo y último que publicaría, apareció en 1776 pero fue el resultado de un concienzudo trabajo desde que doce años antes escribiera a Hume desde Toulouse: "Acabo de comenzar a escribir un libro para pasar el tiempo".[17]

De 1777 data su nombramiento como intendente de Aduanas de Escocia, que le reportó una saneada renta. Puede parecer irónico que quien es tenido por muchos

---

[15] Cf. sobre ello Ruiz Miguel, 1996, pp. LVIII-LXII.

[16] Carta de James Wodrow al undécimo Earl of Buchan, cit. en Raphael y Macfie, 1976, pp. 2-3 (la cursiva es mía).

[17] Cit. por Rothschild y Sen, 2006, p. 319.

como el patrono del libre cambio frente al mercantilismo no sólo culminara su vida en ese puesto siguiendo la estela de su propio padre, que también fue funcionario de aduanas. No obstante, eso en absoluto permite acusarlo de ser incoherente con su doctrina, pues, como ha precisado algún estudioso, Smith nunca propuso abolir los derechos de importación sino sólo reformarlos para que fueran económicamente eficientes.[18] Y, en efecto, como más adelante se verá, la defensa del libre cambio nunca pecó de doctrinaria por su parte, pues fue un claro partidario de varias formas de regulación estatal de la economía, incluyendo controles y limitaciones del libre mercado.

Los últimos años de su vida continuó dedicándolos al estudio: fue nombrado rector de la Universidad de Glasgow en 1787 y en los tres años que le restaron de vida culminaría la que fue la más detallada y profunda revisión de su *Theory of Moral Sentiments*, que en su sexta y definitiva edición aparecería poco antes de su muerte, en 1790. Ese mismo año murió en su pueblo natal, poco más de un mes después de haber cumplido los 67 años. Soltero como Kant, muy pronto huérfano de padre y muy apegado siempre a su madre, estuvo dotado de gran memoria y capacidad de concentración, teniendo fama de ser un gran distraído y de ir hablando consigo mismo.[19] Quizá el rasgo más distintivo de su vida y de su obra fue su carácter apacible y moderado.[20] A pesar de que la *WN* no fue una obra de éxito inmediato,[21] en los últimos años de su vida Smith fue una figura relevante en los círculos intelectuales británicos y para los gobiernos de la época, aunque nada comparado con lo que sería su fama

---

[18] Cf. West, 1976, p. 202.

[19] Aunque la tendencia a la ausencia de Smith aparece mencionada por su contemporáneo Douglas Stewart, algunas de las anécdotas que se cuentan sobre él pueden ser apócrifas (cf. Méndez, 2004, p. 49, nota 13, así como Méndez, 2007, pp. 29-30). En todo caso, su biógrafo John Rae –que siempre trata con cautela el rasgo, salvo que sirva para enaltecer a Smith– reporta anécdotas especialmente inocentes, como que se cayó en el tanque de una curtiduría mientras paseaba con un visitante, que tras echar agua caliente en una taza con sólo pan y mantequilla comentó que era el peor té que había tomado en su vida, que una mañana paseó en camisón hasta un pueblo a quince millas de Kirkaldy o que podía dar opiniones negativas sobre otras personas sin tener en cuenta quién estaba presente (cf. Rae, 1895, pp. 147, 237-238; 245-246; 259-260; cf. también, pp. 66, 330-332 y 422).

[20] El moderantismo, que sin duda es observable en sus escritos, es expresamente elogiado por el propio Smith en un enjundioso pasaje de la *TMS*, donde relaciona la "libertad personal" de las situaciones más humildes con la "perfecta tranquilidad, principio y fundamento de todo verdadero y satisfactorio disfrute"; es allí donde recoge de Plutarco la jugosa anécdota del rey de Épiro, quien tras responder a su favorito que lo que se proponía hacer tras las muchas conquistas que iba a emprender, era disfrutar de la buena compañía de sus amigos con una botella, se vio replicado por el favorito: "¿Y qué le impide a Su Majestad hacer eso ahora?"; y, en fin, es allí donde concluye citando el epitafio de aquel hombre que había intentado mejorar su salud tomando medicinas: "*Estaba bien, quería estar mejor, aquí estoy*" (el texto procede del poeta John Dryden, que ofrecía la original y más bella versión italiana: *Stavo ben, ma, per star meglio, sto qui*): cf. *TMS*.III.3.31, pp. 150/269-270.

[21] Cf. Haakonssen y Winch, 2006, p. 366, remitiendo al estudio de R. F. Teichgraeber, "'Less abused than I had reason to expect': The Reception of the *Wealth of Nations* in Britain, 1776-90", *Historical Journal*, núm. 30, 1991, pp. 337-366.

después de su muerte. En referencia a la Prusia de principios del siglo XIX, Rosa Luxemburgo dijo de él que, junto con Napoleón, era el monarca más poderoso de Europa.[22]

3. La unidad del pensamiento smithiano

Smith fue un estudioso de intereses particularmente abiertos y vastos, abarcando desde la historia de la astronomía hasta la teoría del lenguaje y desde la lógica y la retórica hasta la economía, pasando por la jurisprudencia y la filosofía moral. No es extraño que haya sido considerado no sólo un economista, sino también, y para algunos autores sobre todo, un moralista, un filósofo, un historiador e incluso un sociólogo *avant la lettre* que anticipó ideas que luego desarrollarían Marx y Engels.[23] En realidad, el destino histórico de Adam Smith como economista es seguramente ajeno a sus propias ideas y de su época, pues él pretendió cultivar sobre todo un tipo de estudio de carácter histórico-filosófico, tanto jurídico como moral, desde un punto de vista integrador de lo que hoy denominamos ciencias sociales. Queda constancia de ello porque de los 3 000 volúmenes de la biblioteca que dejó a su muerte, sólo una quinta parte corresponden a economía, política e historia, siendo el resto libros de literatura, arte, derecho, geografía y filosofía.[24]

En todo caso, frente a la variedad de dedicaciones teóricas de Adam Smith conviene tener presente que las más tempranas le llegaron por accidente en su juventud y que encontró su camino en la historia, el Derecho y la filosofía moral. Por su parte, como se irá viendo más por extenso, la economía no fue para él más que una manifestación, ciertamente importante pero no un conocimiento independiente, de la filosofía jurídica y moral o, si se quiere, de la filosofía práctica. Como ha escrito uno de sus biógrafos, Edwin G. West,

> Smith se habría sorprendido probablemente de cualquier interpretación de su carrera como primera y principalmente en economía; [... él] se consideró a sí mismo ante todo un filósofo.[25]

Ahora bien, en el siglo XVIII la filosofía no era un estudio especializado y particularmente diferenciado de la ciencia, sino que aludía en general al conjunto del co-

---

[22] Cit. por Göçmen, 2007, p. 1; cf. también West, 1976, p. 10. Sobre la variable influencia posterior de Smith, véase Méndez, 2007, pp. 46-48 y 144-181.

[23] Además de las visiones más usuales, donde no deja de darse la opción entre el Smith filósofo moral y el Smith economista, hay también la visión de Smith sobre todo como historiador y científico (cf. Raphael, 1975, pp. 84-85) o la visión como filósofo (cf. Campbell y Skinner, 1982, p. 81) o como filósofo de la historia (cf. Cropsey, 1975, pp. 149ss) y, dentro de ella, como precursor de la sociología (cf. Meek, 1976).

[24] Cf. West, 1976, pp. 217-218.

[25] West ,1990, p. 1.

nocimiento. Todo lo más, se distinguía entre filosofía natural y filosofía moral, pero bajo la presuposición, que Smith como buen ilustrado compartió, de que el conocimiento es uno y que "la ciencia el mejor antídoto contra el veneno del fanatismo y la superstición".[26]

Junto a la visión unitaria del conocimiento propia de la época, el propio Smith tenía un espíritu a la vez extenso, que no disperso, y sistemático. Ello explica que, al menos a partir de las *Lecciones de jurisprudencia*, su pensamiento pueda verse como un conjunto sustancialmente ordenado e integrable en un sistema coherente.[27] Que la aparente dispersión de la obra de Smith es reconducible a unidad puede colegirse de los propósitos por él mismo pretendidos en sus estudios y escritos y de los logros que consideró conseguidos.

En la primera edición de la *Teoría de los sentimientos morales*, en 1759, Smith concluye prometiendo complementar el estudio allí realizado sobre la moral mediante una investigación "de los principios generales del Derecho y el Estado", o jurisprudencia.[28] Las dos versiones de las *Lecciones de jurisprudencia* que nos han llegado, eran el desarrollo de la parte de la filosofía moral relativa a la justicia y en otra parte –la relativa a lo que llamó "policía" (*police*), equivalente a la función de promover el bienestar atribuida al Estado– contenían ya en germen un esquema básico y muchas de las ideas de economía política que desarrollaría en la *Riqueza de las naciones*. Este segundo libro era para el propio Smith muy inferior a la *TMS*,[29] considerándolo como una extensión parcial de la jurisprudencia o estudio de los principios del Derecho. En 1790, el mismo año de su muerte, introdujo un "Advertisement" para la ultima edición de la *TMS* en el que, recordando el mencionado propósito de la conclusión de su primera edición, presenta esta imagen plenamente unitaria del conjunto de su obra:

En el último párrafo de la primera edición de la presente obra dije que en otro discurso había de intentar dar cuenta de los principios generales del Derecho y del Estado, y de las diferentes revoluciones que han sufrido en las diferentes épocas y periodos de la sociedad, no sólo en lo que concierne a la justicia, sino en lo que concierne a la policía, los ingresos y las armas, así como a todo lo que es objeto del Derecho. En la *Enquiry concerning the Nature and Causes of the Wealth of Nations* he ejecutado en parte esta promesa; al menos en lo que concierne a la policía, los ingresos y las armas. Lo que queda, la teoría de la jurisprudencia, que he proyectado durante mucho tiempo, me he

---

[26] *WN*.V.i.g.14, p. 796/700; cf. también *LJ(B)*.133, p. 451/80, donde afirma: "Toda persona es supersticiosa en proporción a la precariedad de su vida, libertad o propiedad, y a su ignorancia. Los jugadores y los salvajes lo son notablemente."

[27] Uno de los mayores especialistas en Smith, Knud Haakonssen, ha titulado su introducción al *Cambridge Companion to Adam Smith*, precisamente, "The Coherence of Smith's Thougth" (2006b).

[28] *TMS*.VII.iv.37, p. 342/578.

[29] Tal es el testimonio del contemporáneo de Smith, el más joven Sir Samuel Romilly (cit. por Raphael, 1975, p. 85), un ilustrado seguidor de Beccaria y Bentham en las reformas humanizadoras del Derecho penal.

visto hasta ahora impedido de ejecutarlo por las mismas ocupaciones que hasta este momento me han estorbado la revisión de la presente obra. Aunque mi muy avanzada edad me deja, lo reconozco, muy poca esperanza de poder llegar a ejecutar nunca esta gran obra a mi satisfacción, sin embargo, no he abandonado por completo el proyecto y, puesto que deseo continuar todavía bajo la obligación de hacer lo posible, he dejado que el párrafo continúe tal y como fue publicado hace más de treinta años, cuando no me cabía ninguna duda de que sería capaz de ejecutar todo lo que anuncié.[30]

Por lo demás, y desde un punto de vista externo, la variada obra de Adam Smith no sólo tiene ciertos rasgos metodológicos comunes, como su preocupación por la historia, su recurso a los argumentos empíricos y su estilo analítico en el razonamiento. También resulta unificable sobre todo como un extenso estudio de filosofía moral, política y jurídica en la que resultaría anacrónico distinguir de forma tajante y esencialista no ya sólo entre moral, Derecho, política y economía, sino incluso entre filosofía y ciencia, esto es, entre reflexión comprometida valorativamente y mero conocimiento histórico y social. Hay que concordar con A. L. Macfie en que

> Smith fue por naturaleza un pensador sintético (*rara avis*) siempre en busca de una explicación sistemática mediante muchos factores.[31]

La idea fundamental que desarrollaré en el presente escrito es que si la filosofía moral es el vértice unificador de toda la obra de Smith, la jurisprudencia o filosofía del Derecho[32] ocupa un lugar intermedio y central en el conjunto de su construcción teórica en la medida en que sirve de nexo entre la filosofía moral en sentido amplio, de la que es una derivación, y la economía política, que es a su vez una derivación parcial de la jurisprudencia (y, por consiguiente, también de la filosofía moral). Por expresar la misma idea desde otra perspectiva, con Athol Fitzgibbons:

> En sentido estricto *no había* relación directa entre moral de Smith y su teoría económica; las teorías de la moral de Smith y su método le llevaron a su teoría de la jurisprudencia, y después los principios de la jurisprudencia llevaron a la teoría de la economía de Smith.[33]

II. La filosofía moral: virtudes y sentimientos morales

---

[30] *TMS*.Advert.2, p. 3/44 (como curiosidad, obsérvese que en este texto Smith cita la *Riqueza de las naciones* de memoria, pues su título exacto es *An Inquiry into the Nature and Causes of the Wealth of Nations*).

[31] Citado por Bagolini, 1975, p. 102, núm. 4.

[32] Ambas expresiones ("jurisprudence" y "philosophy of law") son usadas como equivalentes por el propio Smith en *TMS*.VII.iv.37, p. 341/577.

[33] Fitzgibbons 1995, p. 22; cf. también Lieberman, 2006, pp. 215-216 y 239, en relación con la función de "tejido conectivo" que las *LJ* cumplen entre el pensamiento moral y el económico-social de Smith.

1. Filosofía y ciencia

En la *Riqueza de las naciones* se afirma que la filosofía moral es "[c]on mucho la más importante de todas las diferentes ramas de la filosofía".[34] Para apreciar esa observación en su justo valor es necesario recordar dos cosas. Primera, que en aquella época la noción de filosofía era bastante más amplia que hoy, hasta incluir también lo que, especialmente a partir del siglo XIX, se consideró conocimiento científico y no filosófico. Téngase en cuenta que algo menos de un siglo antes, en 1687, uno de los principales inspiradores del pensamiento de Smith, Isaac Newton, había titulado su obra científica fundamental como *Philosophiae naturalis principia mathematica*, y que en plena Ilustración, en el *Discours préliminaire des Editeurs* de la *Enciclopedia*, D'Alembert afirmaba que las palabras 'ciencia' y 'filosofía' "son sinónimas".[35] Y, segunda observación, que si atendemos a lo que hoy se ha terminado por considerar filosofía, la obra de Smith no contiene sólo reflexiones filosóficas en sentido estricto, sino también –y en ocasiones predominantemente– consideraciones de carácter empírico o, en general, descriptivo, apuntando a lo que ahora conocemos como ciencias sociales.

En mi "Estudio preliminar" a la edición en castellano de las *LJ(B)* rechacé quizá demasiado tajantemente la tesis, defendida por ejemplo por Raphael, de que la inclinación de Adam Smith fuera "más científica que filosófica".[36] En realidad, la discusión sobre si calificamos a algo como filosófico o como científico no es importante en sí misma, salvo por lo que logremos dar a entender y explicar con esos calificativos. Por ello, para intentar dar ahora una idea inicial más rica del sentido global de la obra de Smith sí puede ser de interés situarla frente a la distinción entre los planteamientos filosóficos, más especulativos y normativos, y esas argumentaciones empíricas (científicas, si se quiere), que en realidad no operó como una distinción tajante en Smith, como por lo demás tampoco puede hacerlo siempre hoy.

Si hubiera que calificar obligatoriamente a Smith como filósofo, habría que reconocer que sus inclinaciones fueron escasamente metafísicas[37] y que tendió a practicar una filosofía más empirista que especulativa. Su frecuente uso del método empírico y

---

[34] *WN*.V.i.f.30, p. 771/680.

[35] Cf. D'Alembert, 1751, p. 169. Por lo demás, en la época de Smith seguía siendo habitual "usar el término *filosofía* como sinónimo de *filosofía natural*" (cf. Wightman, 1975, p. 46).

Por su parte, al decir de Athol Fitzgibbons, el propio Smith "no separó a Dios y la ciencia, así como no separó la filosofía y la ciencia..." (1995, p. 92), añadiendo poco más adelante que "a mediados del siglo XVIII, cuando Smith concibió su sistema, las reglas de la ciencia no se habían establecido" (*ibid.*, p. 94); sobre la relación en Smith entre ciencia y filosofía, y su carácter típicamente ilustrado (cf. también Berry, 2006, pp. 134-135).

[36] Raphael, 1975, p. 84; cf., para las ideas que ahora reviso, Ruiz Miguel, 1996, pp. XVI-XVII.

[37] Que es, por cierto, lo que quiere destacar Raphael, quien añade a renglón seguido de la frase antes mencionada en el texto: "A pesar de sus intereses filosóficos, puestos de manifiesto en su tendencia a ha-

de la ilustración mediante ejemplos e interpretaciones históricas le acercó a un modo de investigación que hoy puede considerarse propio del método científico.[38] Por eso, si no queremos sujetarnos al corsé de calificar su obra tajantemente o como filosófica o como científica, hoy habría que situarla a caballo entre la filosofía práctica y lo que hoy llamamos ciencias sociales. Creo que, al igual que ocurre con Marx, o con autores contemporáneos como Albert O. Hirchsman o Jon Elster (y, si se me apura, incluso con Jürgen Habermas), Smith bien podría ser considerado tanto un filósofo como un científico social o sociólogo, con tal de que entendamos la sociología en un sentido amplio, como una teoría tendencialmente general que en absoluto desdeña relacionar las observaciones empíricas con las aproximaciones normativas, esto es, lo que se suele denominar sociología teórica.

2. Historia conjetural y origen de la moral: explicación y justificación

Jerry Evensky reproduce prácticamente un lugar común en la literatura smithiana cuando dice que

> ...El objetivo de Smith es hacer en la filosofía moral lo que Newton había hecho en la filosofía natural. Tiene una visión de las cadenas invisibles que forman los principios que conectan el orden humano.[39]

Ese intento de aplicar el modelo newtoniano es el que permite explicar la calificación de la aportación de Smith como "historia conjetural", que se viene repitiendo desde que la propusiera su primer biógrafo y coetáneo suyo Dugald Stewart.[40] Por historia "conjetural" o natural hay que entender un tipo de estudio que habría iniciado Montesquieu y por el que, sin prescindir de los conocimientos disponibles pero a falta a veces de detalles concretos y exactos de la evolución de las costumbres e instituciones desde los tiempos primitivos hasta el presente, se rellenan las lagunas de forma hipotética. El objetivo de esa reelaboración era proponer un marco básico y verosímil de los momentos, elementos y causas fundamentales de la evolución histórica, sobre

---

cer conexiones y a plantear cuestiones generales, Smith fue, en un sentido, marcadamente no filosófico: la metafísica paradójica le dejaba frío" (1975, p. 84).

[38] La interpretación de Smith como empirista es una insistencia central en el interesante análisis de Myers (cf. 1983, cap. 8, esp. pp. 104-105; para algunas precisiones sobre ello, cf. también Campbell y Skinner, 1976, pp. 50-60). Asimismo, la actitud empirista de Smith no debe identificarse con una posición positivista y todavía menos, como enseguida se dirá, con una visión no filosófica o amoral (cf. Fitzgibbons, 1995, pp. 14-15, 25-27, 66 y 93).

[39] Evensky, 1994a, p. 10 y 24-26, así como Fitzgibbons, 1995, p. 14-15.

[40] Stewart, 1793, p. XXXV.

todo centrada en Europa.[41] Tal historia conjetural tenía, pues, una pretensión inicial explicativa, a modo de

...estudio sistemático de los efectos de las condiciones jurídicas, institucionales y ambientales sobre el progreso humano.[42]

Pero detrás de esa pretensión explicativa, aparte de una gran dosis de interpretación, en Smith subyace también la distinta y esencial pretensión normativa de extraer criterios morales para una buena organización del gobierno civil.[43]

Ahora bien, la distancia entre el modelo científico natural newtoniano y la historia conjetural practicada por Smith resulta clara y decisiva. No es sólo que la empresa de encontrar las leyes de las acciones y movimientos sociales esté lejos, tanto en tiempos de Smith como en los nuestros, de acercarse a la precisión y la capacidad de explicación y predicción de la ciencia física. Es que, además, y ésta es la conclusión principal a la que quisiera llegar en esta caracterización general, la central pretensión explicativa que tiene la obra de Adam Smith –es decir, su impulso genuinamente, científico–,[44] no dejó nunca de estar al servicio de una concepción valorativa y normativa, típicamente de filosofía práctica, eminentemente dirigida a proponer pautas para la acción de gobierno.

Es en el anterior marco en el que hay que considerar la concepción smithiana de la filosofía moral, que tiene dos partes fundamentales: una relativa al concepto de virtud y otra a la fundamentación de la propia moral o, por decirlo en términos actuales de una manera aproximativa, una ética normativa y una metaética.[45]

---

[41] Cf. Méndez, 2004, esp. cap. II.3; y Pocock, 2006, pp. 276-281.

[42] West, 1976, p. 17.

[43] De acuerdo, cf. Fitzgibbons, 1995, pp. 15, 21, 66 y 193.

[44] Esto resulta más claro en las *LJ* y en la *WN* que en la *TMS*, sin duda la obra más filosófica de Smith, de la que, sin embargo, el propio D. D. Raphael ha destacado cómo su objetivo fue dar de la moral "una explicación en términos de psicología y sociología" (2007, p. 7; la misma idea, en referencia al espectador imparcial, p. 47). No obstante, conviene precisar que una concepción como la del espectador imparcial, que es el núcleo de la *TMS*, se basa en la introspección y sería más bien parte de la filosofía de la mente que de la psicología empírica, como por lo demás admite abierta y ampliamente el propio Raphael en el capítulo conclusivo de su libro (cf. 2007, cap. 14). Junto a ello, lo más importante es que la *TMS* no se limita a establecer al espectador imparcial como origen explicativo de la moral, sino que también lo propone normativamente como criterio moralmente fundamentado (véase, en especial, *infra*, nota 69 y el texto correspondiente).

[45] En palabras de Dugald Stewart, el biógrafo contemporáneo de Smith: "[l]a ciencia de la Ética ha sido dividida por escritores modernos en dos partes: una comprensiva de la teoría de la Moral y la otra de sus doctrinas prácticas" (1793, p. xix), esto es, lo que hoy denominaríamos una parte metodológica y otra de ética normativa. Y, en efecto, el propio Adam Smith propuso distinguir estas dos cuestiones: "Primera, ¿en qué consiste la virtud? ¿O cuál es el tipo de disposición [*tone of temper*] y el tenor de conducta que constituye el carácter excelente y digno de elogio, el carácter que es el objeto natural de estima, honor y aprobación? Y, en segundo lugar, ¿por qué poder o facultad espiritual ocurre que este carácter, cualquiera que sea, nos es recomendado? O, en otras palabras, ¿cómo y por qué medios llega a ocurrir que el espíritu

D. D. Raphael ha destacado justamente que lo que Smith desarrolla en su *TMS* es más una respuesta a la segunda cuestión que a la primera, a la que dedica mucho menos espacio.[46] No obstante, tanto en ese libro como en el resto de la obra ético-política de Smith, es decir, en las *LJ* y la *WN*, el conjunto de las explicaciones históricas y empíricas de los fenómenos estudiados –sea la ética, el Derecho o la economía– tienden a ponerse siempre al servicio de una posición abiertamente justificativa o crítica de determinadas instituciones y normas, posición de la que en muchas ocasiones se extraen expresas recomendaciones y criterios normativos para un sistema de gobierno justo.[47] Por ello, aunque la pregunta fundamental que Adam Smith se planteó en la *TMS* es más explicativa o fáctica que justificativa o metafísica, eso no significa que su respuesta no tuviera un alcance justificatorio y normativo.[48] En realidad, podría decirse que su explicación se halla embebida en su justificación metafísica, pues su concepción sobre la naturaleza le garantizaba que la colocación del origen de la moral en ciertos sentimientos humanos, y la imparcialidad que según debe caracterizar el juicio moral, eran a la vez su fundamento último suficiente. Esto nos conduce a la concepción smithiana de la naturaleza, que propone un claro teleologismo de raíz estoica[49] y que plantea el problema de la posición religiosa de Smith, sobre cuyo alcance existen fuertes discrepancias entre los estudiosos.

3. La religión de Smith: ¿deísta o panteísta?

Nadie discute que Smith abandonó el cristianismo, y con él cualquier religión positiva revelada, ya en su época de estudiante universitario en Oxford.[50] Junto a ello, numerosas afirmaciones de sus escritos pueden inclinar a pensar que fue un deísta, esto es, un creyente en la existencia de un Dios creador y ordenador del universo, cognoscible mediante la razón y no por la revelación o por manifestaciones sobrenaturales y ajeno a la intervención personalizada en los asuntos humanos, incluido el favorecimiento de algún credo o iglesia en particular.[51] Y, en efecto, en muchas ocasiones a lo largo de la *TMS* se manifiesta la firme creencia en una "Deidad" (*Dei-*

---

prefiera un tenor de conducta a otro, denomine a uno correcto y a otro incorrecto; considere a uno como objeto de aprobación, honor y recompensa, y a otro de culpa, censura y castigo?" (*TMS*.VII.i.2, p. 265/459-460).

[46] Cf. Raphael, 2007, cap. 1, esp. pp. 9-10.

[47] Cf., de acuerdo respecto de las *LJ*, Lieberman, 2006, pp. 224 y 230-231.

[48] Cf. Haakonssen, 2006b, pp. 5-6, que califica tal alcance normativo de "muy indirecto", lo que es debatible.

[49] Véase sobre ello, Fitzgibbons, 1995, que argumenta y articula sus tesis en gran medida sobre el particular estoicismo de Smith.

[50] Así lo afirmó en su propio tiempo el "Times obituary of Adam Smith", *The Times*, 24 julio 1790 (puede verse en <http://en.wikisource.org/wiki/The_Times/1790/Obituary/Adam_Smith>; visita de 13.07.2010).

[51] Cf. "Deism", en Honderich, 1995, p. 182.

ty), identificada con Dios como "Gran Arquitecto del Universo", responsable del orden natural, racional y providente.

Puntualizando la interpretación de Smith como deísta, D. D. Raphael ha llegado a afirmar no sólo que "Smith sin duda creía en la existencia de Dios", sino también en su recompensa o castigo a los humanos en una vida ultraterrena, si bien los textos que alega para apoyar su afirmación admiten siempre una lectura menos comprometida.[52] En el extremo opuesto, el premio Nobel de Economía Ronald H. Coase ha dudado de la tesis del deísmo de Adam Smith sugiriendo que no creía en un dios personal, sino que su posición fue más bien panteísta, es decir, de atribución directa de la racionalidad (o, si se quiere, divinidad) a la propia naturaleza.[53] El argumento central de Coase es un texto de la *WN* en el que Smith, a propósito de la búsqueda por la humanidad de las causas de los "grandes fenómenos de la naturaleza" tales como "la generación, la vida, el crecimiento y la disolución de plantas y animales", afirma lo siguiente:

> La superstición intentó en un principio satisfacer esa curiosidad atribuyendo esa tales maravillas a la actuación directa [*immediate agency*] de los dioses. La filosofía, más tarde, intentó explicarlas acudiendo a causas más familiares o, por lo menos, más al alcance de la humanidad que la actuación de los dioses.[54]

Pero afirmaciones como las anteriores, que no son del todo concluyentes en cuanto que sólo niegan abiertamente una intervención inmediata o directa, pueden ser contrapesadas con otras de signo aparentemente opuesto, como la adición a la última edición de la *TMS*, justo el año de su muerte, de que "la mera sospecha de un mundo sin padre debe ser la más melancólica de todas las reflexiones"[55] o algunas referencias sobre la existencia de una "vida futura" para los seres humanos. El problema es que también este último tipo de afirmaciones son variadamente interpretables y pueden ser considerados compatibles con una posición escéptica o, en todo caso, dubitativa sobre la religión. Así, en una ocasión en la que la *TMS* se refiere a la "esperanza y espera de una vida futura", Smith bien podría estar incluyéndose implícitamente entre los escépticos a los que les gustaría ser creyentes, cuando afirma de aquella esperanza que

> ...es una doctrina en todos los aspectos tan venerable, tan confortante con los débiles y tan halagadora para la grandeza de la naturaleza humana que el hombre virtuoso que

---

[52] Cf. Raphael, 2007, pp. 63 y 99.

[53] Cf. Coase, 1976, pp. 538-539.

[54] *WN*.V.i.f.24, p. 767/677.

[55] *TMS*.VI.ii.3.2, p. 235/410; véase sobre ello el comentario de Raphael, 2007, pp. 2, 79 y 102-104).

tiene la desgracia de dudar de ella sin duda no podrá evitar desear creer en ella de forma lo más encarecida y ansiosa posible.[56]

En cuanto a las afirmaciones de Smith sobre las religiones positivas, pueden ser siempre leídas bajo el prisma de que, sin que él mismo las acepte como verdaderas o quizá abrigando dudas sobre ellas, tal tipo de creencias le parecían bien una razón para la admiración de las personas muy religiosas, bien una aceptable motivación para cumplir los deberes morales.[57] Si, según Raphael, la pretensión de Smith fue dar una explicación psicológica y sociológica de la moral, sería extraño que hubiera querido comprometerse como creyente en una religión con un dios que premia y castiga a los hombres. Por lo demás, esta interpretación cuadra bien con la crítica de Smith hacia las religiones establecidas por el Estado, por ser proclives a la intolerancia y el fanatismo, y –en oposición en esto a Hume– con su preferencia por la multiplicidad de religiones en competencia entre sí, así como con su general consideración de las

---

[56] *TMS*.III.2.33, p. 132/247.

Otro pasaje sobre la vida futura se encuentra en un parágrafo de la *TMS* que Smith corrigió en la última edición, suprimiendo un texto en el que aludía a la redención de los pecados humanos propia de la revelación cristiana como confirmación de "las anticipaciones originales de la naturaleza" –el llamado *atonement passage* (cf. *TMS.Appendix.II*, esp. pp. 383-384, no traducido en la edición en castellano)– para sustituirlo por otro texto en el que se limita a afirmar que toda religión prevé un cielo y un infierno, donde se encuentra también esta frase, más bien dubitativa, si no reticente, respecto de esa creencia religiosa: "la Naturaleza nos enseña a desear [*to hope*], y la religión, suponemos, nos autoriza a esperar [*to expect*], que [la injusticia] será castigada incluso en una vida por venir" (*TMS*.II.ii.3.12, p. 91/190; sobre el debate que ya en su época produjo esta supresión, cf. Rae, 1895, pp. 427-430, quien defiende que –conforme a una declaración del propio Smith– la supresión fue meramente técnica y que no hubo cambio en la posición religiosa de nuestro autor). Asimismo, líneas antes del pasaje sobre el mundo sin padre, se habla del "Ser grande, benevolente y omnisciente que dirige todos los movimientos de la naturaleza", pero nunca de un Dios que recompense o castigue a los seres humanos, y en ese mismo capítulo nunca se afirma directamente la existencia de un "Ser divino" que cuide de la felicidad de "todos los seres sensibles e inteligentes", sino que únicamente se ensalza la gran virtud del hombre virtuoso que, como Marco Aurelio en sus *Meditaciones*, acepta y acomoda su vida a la idea de tal ser (cf. *TMS*.VI.ii.3, pp. 235-237/409-412).

[57] Esto es lo que ocurre, en mi opinión, con varios de los textos aducidos por Raphael como prueba de un Smith más religioso (cf. 2007, p. 63), en particular con *TMS*.III.5.10, p. 168/298 y *TMS*.III.5.12, pp. 170/300-301, que pertenecen un capítulo titulado "De la influencia y autoridad de las Reglas Morales generales, y de cómo éstas son justamente consideradas como las Leyes de la Deidad"; y con *TMS*.III.6.1, p. 171/302, que comienza con la siguiente afirmación: "La religión suministra motivos tan fuertes para la práctica de la virtud [...] que muchos han llegado a suponer que los principios religiosos son los únicos motivos laudables de acción. [...Pero que] el sentido del deber debería ser el único principio de nuestra conducta no está en el precepto de la Cristiandad, sino que debería ser el principio regulador y directivo [*the ruling and governing one*], como lo ordena la filosofía y, en realidad, el sentido común". En ese punto, Raphael aduce también una carta de 1766 en la que Smith dice rogar a Dios por que la madre de un muchacho enfermo se prepare para lo peor, pero parece aventurado tomar a la letra manifestaciones como esas en tal tipo de situaciones.

distintas religiones como un útil apoyo para el cumplimiento de la moral,[58] una idea que no exige aceptar la verdad de ninguna religión.

Todo sumado, la tesis que me inclino a considerar más convincente es, con Fitzgibbons, que la visión religiosa de Smith estuvo sobre todo influida por el estoicismo y que, de acuerdo con ello, fue eminentemente panteísta, identificando la naturaleza con un orden divino impersonal y no directamente concernido por los asuntos humanos.[59] Esta perspectiva supone que el constante obsequio de Smith hacia la "Deidad" se debe interpretar como tributo a la opinión dominante de su época, seguramente en parte debido a su proverbial moderación.

Pero fuera deísta, panteísta o estuviera indeciso entre ambas posiciones, Smith mantuvo dos posiciones claras en materia religiosa. Por un lado, consideró que la religión no era un absurdo a desenmascarar, como pretendió Hume, sino un útil refuerzo de la moral. En cambio, por otro lado, se mantuvo tan al margen de la religión cristiana como el propio Hume, el gran escéptico sobre la divinidad y la inmortalidad del alma.[60] Ésa fue también la reputación que tuvo en su tiempo, como lo muestra el escándalo que suscitó en su tiempo la publicidad de una carta en la que Smith daba cuenta de la serena actitud de Hume ante su cercana muerte y que contrarió sobremanera a los ortodoxos de su tiempo, incapaces de aceptar que un escéptico religioso pudiera vivir virtuosamente y morir apaciblemente[61] (o, tal vez, que se quisiera dar publicidad de ello). Sin olvidar que toda la discusión anterior ha de enmarcarse en el trasfondo de que en el siglo XVIII no era en absoluto tan sencillo hacer declaraciones escépticas en materia religiosa y, sobre todo, como Hume lo experimentó en propia carne, aspirar después a enseñar en la universidad de la época.[62]

En todo caso, la creencia de Smith en un orden natural racional es, sin duda, el cemento que para él unifica el origen y la justificación de la moral.[63] Sin embargo, esa apelación a la naturaleza, que es más bien una apelación a un orden racional presupuesto, no significa que Smith, simplistamente, no distinguiera en absoluto entre el razonamiento descriptivo y el valorativo, incurriendo en una constante, generalizada y burda falacia naturalista. Veamos este punto con un cierto detalle.

---

[58] Cf. Haakonssen, 1981, p. 75, y West, 1990, pp. 152-158.

[59] Cf. Fitzgibbons, 1995, cap. 3, esp. pp. 33-34 y 39.

[60] Cf. Haakonssen, 2006b, p. 14. Sobre el propio Hume, remito a su escéptico ensayo (no publicado durante su vida) "Of the Immortality of the Soul", en Hume, 1777; cf. también la *Stanford Encyclopedia of Philosophie*, en <http://plato.stanford.edu/entries/hume-religion/#10> (visita de 13.07.2010).

[61] Cf. Rae <http://en.wikipedia.org/wiki/Special:BookSources/07222265861895>, p. 311.

[62] En su comentario a la edición aquí utilizada de la *TMS*, Raphael y Macfie dan una explicación del cambio del *atonement passage* (véase *supra*, nota 56) que concuerda más con una interpretación de Smith como escéptico que como religioso: "Este importante cambio [...] podría llevarnos a pensar que Smith se había hecho más escéptico sobre la religión ortodoxa; o quizá que *sintió menos inclinación u obligación de expresar píos sentimientos* una vez que hubo dejado la cátedra de Filosofía Moral" (*TMS. Appendix II*, 383; cursiva mía). No obstante, posteriormente el mismo Raphael ha interpretado dicho cambio como una forma de homenaje a Hume (cf. 2007, p. 100).

[63] Cf. Evensky, 1994a, pp. 10ss, Haakonssen, 1981, pp. 75-77, y Fitzgibbons, 1995, esp. § 3.

4. *Orden natural y falacia naturalista*

Josep M. Colomer ha afirmado que

> ...Smith interpreta la doctrina de los derechos naturales como si procediera de las leyes científicas de la Naturaleza, creyendo –contrariamente al postulado metódico de su amigo David Hume– que del ser puede derivarse un deber-ser. También en su filosofía moral puede advertirse este tipo de confusión, ya que pretende deducir principios generales normativos favorables a la simpatía o la misma caracterización del juicio moral como el propio espectador imparcial, de supuestos contrastables sobre los motivos de conducta de los individuos (como la búsqueda del reconocimiento por los otros o la propensión al intercambio).[64]

Creo que esta sumaria caracterización no hace justicia de la complejidad del pensamiento smithiano, en el que si se incurre a algo semejante a la falacia naturalista –entendida como indebida deducción de criterios normativos a partir de descripciones de hechos– no es en los ámbitos indicados por Colomer, sino, si acaso en su presuposición última de que la naturaleza, incluida la del ser humano, está sometida a un cierto orden providencial necesariamente bueno.

La apelación al orden natural identificado con una deidad más o menos personal es una presuposición metafísica cuya profusión en la *TMS* opera ante todo y sobre todo como una garantía externa de la racionalidad del mundo y, en especial, de la moral. En cuanto fundamentación objetivista de la moral, no es en sí misma una falacia lógica, sino una afirmación no probada y, leída literalmente, bastante inverosímil o, cuando menos, menos verosímil que la visión de la moral como una proyección humana que está dirigida a la regulación de nuestra conducta y al juicio de nuestros valores e ideales, pero no a su vez dirigida por ninguna garantía externa.

Ulteriormente, tal presuposición de un orden natural podría cumplir dos funciones diferentes en el ámbito de la moral. En primer lugar, la simple atribución de tendencias, reglas o derechos concretos a tal orden natural operaría como un argumento falaz, análogo en buena medida a la falacia naturalista, en la medida en que se pretenda fundamentar un criterio normativo en la afirmación de una creencia (en este caso no fáctica, sino metafísica). Pero una segunda función de la presuposición del orden natural, en realidad compatible también con la utilización metafórica de esa idea, es considerar que ciertas tendencias, sentimientos o capacidades de los seres humanos son datos de hecho que deben tenerse en cuenta como condiciones para la razonabilidad de los criterios morales que se consideran justificados. En este segundo aspecto, no incurre en la falacia naturalista considerar, como hizo Hume, que el altruismo limitado junto con la escasez de bienes son condiciones de la justicia.

---

[64] Cf. Colomer, 1991, p. 60.

Es cierto que hay pasajes concretos en Smith que parecerían sugerir que él utilizó la idea del orden natural con la primera función, incurriendo en una palmaria falacia naturalista. Aparentemente, uno de los más claros y expresivos de ello es el siguiente:

Todo hombre, sin duda, está por naturaleza encomendado primero y principalmente a su propio cuidado; y así como es más adecuado que cuide de sí mismo que de cualquier otra persona, es adecuado y correcto que lo haga.[65]

Sin embargo, si se sigue la lectura del mismo párrafo, resulta claro que Smith está tomando la tendencia al propio cuidado como una condición de la regulación moral correcta. Y en realidad, enseguida precisa que la preocupación por uno mismo tiene el límite del daño a los demás:

aunque la ruina de nuestro vecino pueda afectarnos mucho menos que un pequeño infortunio nuestro, no debemos arruinarle para evitar tal pequeño infortunio y ni siquiera para evitar nuestra ruina. Aquí como en otros casos, debemos vernos no a la luz a la que naturalmente nos presentamos a nosotros mismos, sino a la que naturalmente aparecemos ante los demás.[66]

Parece claro que lo que permite elegir entre el punto de visto propio y el ajeno, ambos naturales, no es la naturaleza, sino un argumento independiente, como lo es el de la subsistencia de la sociedad:

Es así como el hombre, que sólo puede subsistir en sociedad, fue situado por la naturaleza en la situación para la que había sido hecho. Todos los miembros de la sociedad humana necesitan de la ayuda ajena y están igualmente expuestos a los daños mutuos [...] La sociedad, sin embargo, no puede subsistir entre quienes están dispuestos todo el tiempo a dañarse y agraviarse entre sí [...] Si hay sociedad incluso entre ladrones y asesinos, deben abstenerse al menos, conforme a la trillada observación, de robarse y asesinarse entre sí.[67]

En general, la apelación de Smith a las tendencias e inclinaciones naturales sigue el modelo anterior, utilizándolas no como premisas fácticas de las que se derivan criterios morales, sino como marco de las condiciones en que tales criterios se deben justificar y desenvolver. Por lo demás, hay un relevante pasaje de la *TMS* que, aparte

---

[65] *TMS*.II.ii.2.1, p. 82/177.

[66] *TMS*.II.ii.2.1, p. 83/178. En este texto parece evidente que Smith está tomando como referencia la famosa provocación de Hume de que "no es irracional preferir la destrucción del mundo a sufrir un rasguño en mi dedo" (sobre ello, véase *infra*, nota 87 y el texto correspondiente).

[67] *TMS*.II.ii.3.1-3, pp. 85-86/182-183.

28

de indicar cómo Smith era consciente de la distinción entre hechos y criterios normativos, también deja ver la importancia que para la justificación de los criterios morales otorgaba a dichas condiciones fácticas, propias de una "naturaleza" humana en absoluto considerada como completamente ordenada y racional:

> la presente investigación no se refiere a una cuestión de derecho, si puedo dooirlo así, sino que concierne a una cuestión de hecho. Ahora no estamos examinando bajo qué principios un ser perfecto aprobaría el castigo de las malas acciones; sino bajo qué principios lo aprueba una criatura tan débil e imperfecta como es el hombre realmente y de hecho.[68]

Ulteriormente, hay otra razón fundamental para no aceptar que Smith incurriera en una sistemática falacia que dedujera directamente los criterios morales de los sentimientos e inclinaciones presupuestos como naturales en los seres humanos. Y es que el elemento que para él resulta decisivo en la valoración moral de cualesquier tipo de hechos no son otros hechos —ni los sentimientos ni la presuposición de que los sentimientos son sin más naturales y buenos—, sino la idea de imparcialidad, que opera como filtro moral externo y permite elegir entre sentimientos distintos u opuestos hasta excluir ciertos sentimientos como inaceptables moralmente.[69] Esa idea de imparcialidad, que Smith formuló mediante la figura del espectador imparcial, es un punto central de su filosofía moral que merece desarrollarse con más detenimiento.

5. El espectador imparcial

Aunque la noción del espectador imparcial recibe sus rasgos fundamentales de la teoría moral de Hume, ha sido vista también como la "contribución duradera de Smith".[70] Esa imagen, que propone una especie de experimento mental, configura el procedimiento para calibrar la moralidad de las acciones humanas a partir del senti-

---

[68] *TMS*.II.i.5.10, p. 77/165.

[69] Como destacó Haakonssen en su estudio de 1981, aunque tanto en *TMS* como en las *LJ* el tono es predominante descriptivo y su pretensión explicativa, Smith asume como debidos moralmente los dictámenes del espectador imparcial, de modo que su aportación adquiere un alcance normativo: "su ciencia de la moral se convierte en más que una ciencia, se convierte en un instrumento crítico", hasta el punto de que "[l]o que da unidad a la teoría de Smith es el punto de vista del espectador" (Haakonssen, 1981, pp. 135-136).

[70] Cf. Raphael, 2007, p. 127, que antes destaca cómo Hume ya habla de un "espectador" y de un "juicioso espectador" que expresa sentimientos "imparciales en cuanto desinteresados y racionales en cuanto universales", mientras que lo que Adam Smith añade, aparte de la expresión misma, es la extensión de tal imagen desde el juicio a la conducta ajena hasta la del propio agente (cf. 2007, pp. 26-31; la cita en p. 30). Además de Hume, también Hutcheson utilizó la idea de espectador desinteresado (cf. Broadie, 2006, pp. 158-163). Por su parte, Brown ha destacado cuidadosamente las raíces de la figura del espectador imparcial en el estoicismo, en especial del "soliloquium" como diálogo consigo mismo (cf. 1994, esp. cap. 3).

miento natural de la simpatía: a partir de él pero sin agotarse ni concluir en él, pues también la razón, entendida de cierto modo que luego se comentará, ha de intervenir, según Smith, para garantizar la imparcialidad y la objetividad de todo el proceso.

La simpatía –en el sentido del *syn-pathos* griego, que era sentir con, y gozar o sufrir con, de donde nuestro más limitado término "compasión"– consiste para Smith en la afinidad (*fellow-feeling*) emotiva con ciertos motivos y afecciones de los demás seres humanos. Aunque la noción responde mejor al uso actual en castellano del término "empatía", es defendible seguir utilizando el término tradicional de "simpatía" para preservar su significado clásico y filosófico.[71] Se trata, según Smith, de una afinidad natural, común y básicamente idéntica en todos los hombres, que se produce tanto en lo que se refiere a sus propias acciones virtuosas (simpatía directa) como en lo que afecta a los beneficios y daños que reciben por las acciones virtuosas o dañinas de otros hombres (simpatía indirecta).[72] Y aunque en Smith hay un uso de la idea de simpatía como reacción espontánea y casi física, como el respingo ante el palo que está a punto de golpear el brazo de otro, el uso más general y relevante en su obra alude a la capacidad que cada persona tiene para imaginarse en el lugar de otro.[73]

Junto a la naturalidad del sentimiento de simpatía, en Smith es también decisiva la idea de la educación de los sentimientos morales. El ser humano no podría hacerse una idea de su propio carácter, del mérito o demérito de sus sentimientos y de su propia belleza o deformidad física si no fuera porque la comunicación con los demás le proporciona el espejo imprescindible para poder verse a sí mismo.[74] Y es de tal modo como la comunicación social, en la que está incluida la educación,[75] aporta los

---

[71] Por lo demás, téngase presente que, como ha puntualizado José Martínez de Pisón: "[e]l término inglés *sympathy* se suele traducir al castellano por 'simpatía' y así se olvida el otro sentido de 'solidaridad', que era el comprendido por la filosofía griega y el estoicismo y también probablemente por Hume y su época" (1992, p. 196, n. 133).

[72] Cf. *TMS*.I.i.1.5, pp. 10/50-51, *TMS*.I.i.2.6, pp. 15-6/58-60, y *TMS*.II.i.5.1, p. 74/161.

[73] Cf. *TMS*.I.i.1.3, p. 10/50-51, y *TMS*.I.i.1.6, p. 11/52; así como Fitzgibbons, 1995, p. 63, y Raphael, 2007, pp. 12-13.
El verdadero punto de partida de la concepción smithiana del conocimiento y el espíritu humano es la noción de imaginación, también fundamental en la filosofía de Hume. La imaginación es la facultad mental que, a través del pensamiento y del lenguaje, permite al hombre satisfacerse poniendo orden y coherencia en el mundo natural o externo y en el humano o moral, en el que los seres humanos actuamos como agentes. Aunque Smith no distingue expresamente entre una imaginación teórica y otra práctica, la simpatía es la expresión de la imaginación práctica, como adopción del punto de vista de que los seres humanos actuamos como agentes, esto es, con propósitos y autoconciencia, de modo que nos reconocemos como hombres a través de la relación con los demás (cf. Haakonssen, 2006b, pp. 10-12; también Raphael ha dado gran importancia a la noción de imaginación en Smith, hasta el punto de afirmar que "es más abarcadora que la simpatía en la formación del juicio moral": 2007, p. 15).

[74] Cf. *TMS*.III.i.3, pp. 110-111/222-223 (la imagen del espejo pudo serle sugerida a Smith por una pasaje del *Tratado de la naturaleza humana*: cf. Hume, 1739, II.ii.5, p. 365, trad. cast., p. 555).

[75] Para una interesante referencia a la educación, incluso de "la más vulgar", como maestra de imparcialidad moral, véase *TMS*.III.3.7, p. 139/255.

contenidos y las motivaciones que terminan por configurar los sentimientos relativos a la moral.

No obstante, la cuestión de la universalidad de las emociones morales no está exenta de problemas en Smith, pues por sus conocimientos históricos y por su inclinación al realismo era perfectamente consciente de que las actitudes morales, al igual que las estéticas, varían por lo menos según las épocas y las culturas.[76] Así, cuando dedica una de las siete partes de la *TMS* a "la influencia de la costumbre y la moda sobre los Sentimientos de aprobación y desaprobación moral", considera a las costumbres como

> ...las principales causas de las muchas opiniones irregulares y discordantes que prevalecen en diferentes épocas y naciones respecto de lo que es censurable o elogiable.[77]

En esa reflexión, sin embargo, él trata de contrarrestar la variabilidad de criterios morales afirmando que hay un núcleo de sentimientos morales básicos que "pueden ser en alguna medida maleados pero no del todo pervertidos", de modo que hay caracteres y conductas como las de Nerón o Claudio que ninguna costumbre ni moda podrá hacer agradables.[78] Y si bien las circunstancias imponen diferencias tan notables en las costumbres como las que van de la dureza de los pueblos "salvajes" a la sensibilidad de los civilizados, tales diferencias afectan menos al "estilo general de conducta" que a "usos particulares" que, como la exposición de recién nacidos, pueden explicarse, y hasta excusarse, por las extremas circunstancias de los tiempos de "la más salvaje barbarie".[79]

A partir del presupuesto de que los sentimientos morales básicos son comunes a todos los hombres, Smith argumenta que el espectador imparcial puede establecer la propiedad o corrección de las acciones de justicia de acuerdo con la simpatía que suscita el sufrimiento del agraviado, así como ensalzar el mérito de las acciones de beneficencia con arreglo a la simpatía, tanto hacia los motivos de la acción del benefactor como hacia el sentimiento de agradecimiento debido por el beneficiado.[80] Y ese mismo criterio de la simpatía es el que cada cual debe aplicar cuando juzga sus propias acciones, mirándose como agente u "hombre de fuera" (*the man without*) desde el "hombre de dentro" (*the man within*), que es quien actúa como espectador impar-

---

[76] Así, a modo de ejemplo, en un momento afirma: "el amor, que antiguamente era una pasión ridícula, se hizo más serio y respetable. Valga como prueba de ello nuestra observación de que ninguna tragedia antigua trata del amor, mientras que ahora éste es más respetable e influye en todos los entretenimientos públicos. Esto sólo puede ser explicado por los cambios de la humanidad" [*LJ(B)*.111, p. 442/68; si bien, en realidad, parece que Smith tendía a compartir en este punto el criterio de los antiguos, según puede colegirse de *LJ(B)*.103, p. 439/64 (recogido *infra*, nota 182)].

[77] *TMS*.IV.1.1, p. 194/339.

[78] *TMS*.IV.2.1, p. 200/348.

[79] *TMS*.IV.2.13-15, pp. 209-210/360-363 (sobre ello, véase *infra*, nota 97 y el texto correspondiente).

[80] Cf. *TMS*.II.i.5.1-2, p. 74/161, y *TMS*.II.ii.1.1-2, p. 78/171.

cial, esto es, como juez, "morador" (*inmate*) o "semi-dios" en la conciencia de cada cual.[81]

Es de notar cómo en este desarrollo quien en principio aparece como un mero espectador que contempla un espectáculo (o mejor, que se imagina contemplándolo), se convierte sucesivamente en el espectador de un juicio, esto es, en un juez de las acciones y virtudes ajenas, y después también, en un juez de sí mismo, de modo que –afirma expresamente Smith– termina por dividirse a sí mismo en dos personas, una que actúa como "examinador y juez" y "representa un diferente papel al del otro yo, la persona cuya conducta es examinada y juzgada".[82]

Así, aunque el término "espectador" sirve para redundar en la idea de imparcialidad, el espectador imparcial no es un observador externo, sino más bien un participante, esto es, alguien que adopta el punto de vista interno, tanto para juzgar la corrección o bondad de las acciones ajenas como las propias. Por lo demás, tampoco el espectador imparcial smithiano es un observador ideal omnisciente, capaz de percibirlo o sentirlo todo y desapasionado. No pretende ser un modelo idealizado, una especie de dios que sólo idealmente proporciona una construcción del mejor criterio moral posible, sino "simplemente cualquier observador normal que no está personalmente afectado".[83] El espectador smithiano es desinteresado pero no desapasionado y no necesita tener un conocimiento completo ni una capacidad de percibirlo todo: "Tiene los sentimientos normales de un ser humano normal".[84] Pero no es un observador meramente sensible, sino racional: como Alexander Broadie ha destacado,

> es evidente que el espectador que le importa a Smith es un observador crítico, reflexivo, dirigido por consideraciones virtuosas, sean de carácter intelectual o de otro tipo, y que busca comprender.[85]

La figura del espectador imparcial, en efecto, tiene unos componentes racionales que diferencian claramente la posición de Smith de la del moderno emotivismo, especialmente en sus versiones más extremas.[86] Dicho muy sumariamente, conforme a tal

---

[81] Cf. *TMS*.III.1-III.3.1, pp. 109-134/221-250, y *TMS*.VI.iii.18, p. 245/425; véase también *supra*, nota 70 y el texto correspondiente. Para una buena reflexión sobre el espectador imparcial como "parábola del propio derecho", representado por el sentido compartido de justicia que se pide al juez o a un jurado, cf. Escamilla, 1995, pp. 21-22.

[82] Cf. *TMS*.III.1.6, p. 113/224.

[83] Cf. Raphael, 2007, p. 44.

[84] *Idem.*

[85] Broadie, 2006, p. 177.

[86] En su aportación sobre "The Legacy of Adam Smith", Knud Haakonssen y Donald Winch han destacado que el enfoque más descriptivo que normativo de la teoría smithiana de la moral ha tenido su mayor influencia en la obra del filósofo y antropólogo finlandés Edvard Westermark (cf. Haakonssen y Winch, 2006, pp. 382-384). Westermark suele ser caracterizado en los manuales de ética como defensor del naturalismo ético subjetivista, posición para la cual los juicios morales son *descripciones* de sentimientos o emociones, de modo que la afirmación de que una acción es injusta significa que la persona en cuestión

visión emotivista, autores como Charles L. Stevenson, Alfred J. Ayer o Alf Ross han radicado esencialmente los juicios morales en las variables preferencias emotivas de los seres humanos al margen del control de cualquier forma de racionalidad, enlazando bien con la tajante distinción de Hume entre razón y pasión y con su provocativa afirmación de que

> ...No es contrario a la razón el preferir la destrucción del mundo entero a un rasguño en mi dedo.[87]

Es cierto que en un sentido muy general, al insistir en la importancia inicial del sentimiento de simpatía más que en la razón, la teoría de Smith bien puede considerarse, junto a Hume y otros ilustrados escoceses, como un antecedente más del emotivismo ético: sin duda, Smith se encuentra en la línea de quienes han insistido en la radicación de la moral en los sentimientos antes que en la razón, pues ciertamente, como ha dicho uno de sus mejores conocedores,

> dio por supuesto que Hume había demostrado más allá de toda duda su conclusión de que las distinciones morales proceden del sentimiento.[88]

Pero en otro sentido, quizá más importante, sus conclusiones son del todo ajenas al relativismo moral que ha solido caracterizar al emotivismo ético contemporáneo, en especial por dos razones.[89] Ante todo, por la suposición en Smith de la igualdad esencial de sentimientos de todos los seres humanos, si bien moldeables en ocasiones por las circunstancias del contexto. Tan moldeables, que incluso los sentimientos

---

la desaprueba, de modo que tal afirmación será verdadera o falsa según en efecto la persona la desapruebe o no; tal posición no debe confundirse con el emotivismo, para el que los juicios morales *expresan* emociones y, en cuanto tales, no pueden ser considerados verdaderos o falsos, sino, si acaso, correctos o incorrectos desde uno u otro criterio moral. A mi modo de ver, con independencia de la inspiración que Westermark recibiera de Smith, la teoría del espectador imparcial no pretende ser sólo una descripción o explicación de la moral, sino sobre todo una forma de justificación de la misma, por lo demás en una dirección menos relativista que la de las formas más extremas de emotivismo ético (para tal aproximación, que Haakonssen y Winch reconocen como la dominante en la interpretación de Smith, y que terminan aceptando, cf. *ibid.*, pp. 380-382 y 384-388).

[87] Hume, 1739, II.III.iii, p. 416, trad. cast., p. 619.

[88] Raphael, 2007, p. 7.

[89] Resulta muy discutible, por confundente y poco informativa, la calificación de Adam Smith como relativista, según ha hecho Manuel Escamilla, especialmente si de tal calificativo se dan criterios definitorios como los siguientes (con independencia de su heterogeneidad): teoría para la "que no existe algo así como la justicia" –lo que en absoluto es el caso en Smith–, afirmación de que "la justicia no es algo sustantivo, sino adjetivo" –lo que es tan ambiguo que según se entienda puede o no aplicarse a Smith–, o posición "individualista [...para la que] los criterios de lo justo son expresiones de la razón (voluntad, interés) de los seres humanos concretos, existentes espacio-temporalmente" –en donde en efecto puede incluirse a Smith, pero sin identificarse con el relativismo– (cf. Escamilla, 1995, pp. 11-13; para una argumentación contra el relativismo moral de Smith, cf. Fitzgibbons, 1995, p. 38).

más próximos a las virtudes morales pueden ser corrompidos por los malos hábitos o por distintas tendencias también comunes en los seres humanos, como el espíritu de facción y el fanatismo.[90]

Además, como segunda diferencia especialmente significativa respecto del emotivismo más extremo, su construcción de la imparcialidad del espectador contiene un componente racional o racionalista que opera como procedimiento de control normativo de los sentimientos. En tal construcción el criterio no es la mera *aceptación* de hechos o actitudes como los sentimientos, sino la *aceptabilidad* por un espectador imparcial de ciertos sentimientos que, ejercitados habitualmente, dan lugar a virtudes morales. El espectador imparcial no empieza y termina siguiendo sin más sus sentimientos, sino que, al contrario, tiene la función de enfrentar la razón a las pasiones, como lo dice palmariamente un texto clave de la *TMS*:

> La razón, el principio, la conciencia, el habitante del pecho, el hombre de dentro es el gran juez y árbitro de nuestra conducta. Él es quien, cuando estamos a punto de actuar afectando a la felicidad de los demás, nos dice, con una voz capaz de asombrar a la más presuntuosa de nuestras pasiones, que nosotros no somos más que uno entre la multitud y no mejores que cualquier otro en ningún sentido...[91]

Ahora bien, la idea que Adam Smith tiene de la razón es más inductiva que deductiva, si se quiere, más empirista que racionalista. Su aguda sensibilidad hacia la historia, su apego a los argumentos empíricos, sus mismas inclinaciones realistas, hacen de Smith un ilustrado menos inclinado a la abstracta diosa Razón que a la más modesta razonabilidad.[92] Ésa es, a mi modo de ver, la mejor explicación de su am-

---

[90] "De todos los corruptores de los sentimientos morales, los mayores han sido siempre, de lejos, el espíritu de facción y el fanatismo" (*TMS*.III.3.43, p. 156/278).

[91] *TMS*.III.3.4, p. 137/253.

Recientemente, Amartya Sen ha destacado el alcance a la vez racional y universalista de la figura del espectador imparcial, como posición que busca analizar desde una perspectiva ajena y con distancia, objetivamente racional, los propios sentimientos y opiniones morales iniciales (cf. Sen, 2009a, esp. pp. 44-46 y 50-51, trad. cast., pp. 73-75 y 79-80). Sen insiste mucho en diferenciar netamente a Smith de Rawls mediante la contraposición de un "racionalismo abierto" y otro "cerrado", en la que el espectador imparcial representa el criterio más cosmopolita y objetivo, en contraste con el carácter más parroquial y particularista de la "posición original" rawlsiana (cf. *ibid.*, pp. 45-46, 70, 108-109, 123-152 y 403-407, trad. cast., pp. 75, 99, 138, 151181 y 436-440).

[92] Un pasaje muy significativo y bien vigente de la distancia de Smith respecto del racionalismo abstracto es aquel en el que, tras presentar el contraste entre el "hombre cuyo espíritu público está impulsado a la vez por la humanidad y por la benevolencia" y el "hombre de sistema [...] a menudo tan enamorado de la pretendida belleza de su plan de gobierno ideal que no puede soportar la menor desviación de ninguna parte del mismo", añade que "en el gran tablero de ajedrez de la sociedad humana cada pieza tiene un principio motriz propio" (*TMS*, VI.ii.2.16-17, pp. 233-234/406-407).

Otra ilustración de lo mismo es la anécdota contada por Rae, uno de sus biógrafos, según la cual Smith le comentó a Hume que Turgot era "una excelente persona, muy honesta y bien intencionada, pero tan poco conocedora del mundo y de la naturaleza humana que su máxima era [...] que todo lo que es

bigua consideración de los "razonamientos de la filosofía", que si por un lado "pueden confundir y desconcertar al entendimiento", aun sin anular del todo la sensibilidad individual derivada de "nuestros deseos y aversiones, nuestras esperanzas y miedos, nuestras alegrías y tristezas", por otro lado también pueden servir para enseñar al espectador imparcial a "amedrentar nuestras afecciones privadas, parciales y egoístas".[93]

En su función de control de las pasiones, la razón tiene un doble papel en los juicios morales, según Smith: como instrumento de examen de los hechos relevantes para la valoración de nuestras acciones y como procedimiento para la generalización de las reglas morales a partir de una inducción sopesada de nuestros sentimientos y actitudes morales.

En primer lugar, la razón es un instrumento de examen de las consecuencias de hecho de nuestras acciones, consecuencias que se deben integrar en el juicio moral sobre la corrección de nuestra conducta. Smith lo vio expresamente en el caso de la virtud de la prudencia, que procede del amor a uno mismo, y que consiste, dice, en la unión de dos cualidades diferentes:

> ante todo, razón y entendimiento superiores, por los que somos capaces de discernir las consecuencias remotas de todas nuestras acciones y de prever los beneficios o perjuicios que es probable que resulten de ellas; y en segundo lugar, autodominio, por el que nos capacitamos para abstenernos del placer o sufrir el dolor hoy con objeto de obtener un mayor placer o evitar un mayor dolor en algún tiempo futuro.[94]

En segundo lugar, cuando el propio Smith se plantea expresamente la cuestión del papel de la razón en la moral, reconoce que si bien la razón no puede ser el origen último de los juicios morales, tiene un papel central en su formulación como procedimiento de elaboración de las reglas generales de la moral. En efecto, sin duda de acuerdo con Hume, por un lado sostiene que

> ...es absurdo e ininteligible suponer que las primeras percepciones de lo correcto y lo incorrecto pueden derivarse de la razón [... pues derivan] de la emoción y el sentir inmediatos [*immediate sense and feeling*] [...] la razón por sí sola no puede hacer que ningún objeto en particular sea agradable o desagradable al espíritu. La razón puede mostrar que este objeto es el medio de obtener algún otro que es naturalmente placentero o fastidioso, y hacerlo de tal manera agradable o desagradable *por mor* de esa otra cosa;[95]

---

justo [necesariamente] tiene que llevarse a cabo" (cit. por West, 1976, pp. 146-147; sobre ello, cf. también Campbell, 1967, p. 577; Campbell y Skinner, 1976, pp. 37-40; así como Evensky, 1994c, pp. 202–205).

[93] *TMS*.VII.ii.1.47, p. 293/497.

[94] *TMS*.IV.2.6, pp. 189/330-331.

[95] *TMS*.VII.iii.2.7, p. 320/542.

pero, por otro lado, también afirma:

> Que la virtud consiste en la conformidad con la razón es cierto en algunos aspectos, y esta facultad puede ser considerada muy justamente como, en algún sentido, la fuente y el principio de aprobación y desaprobación de lo correcto e incorrecto, así como de todos los juicios sólidos relativos a ello. Es mediante la razón como descubrimos esas reglas generales de justicia por las que debemos regular nuestras acciones; y es mediante la misma facultad como formamos estas más vagas e indeterminadas ideas sobre lo que es prudente, lo que es decente, lo que es generoso o noble [...] Las máximas generales de la moral se forman, como todas las demás máximas, por experiencia e inducción. Observamos en una gran variedad de casos particulares lo que place o disgusta a nuestras facultades morales, lo que aprueban o desaprueban, y por inducción de esa experiencia, establecemos esas reglas generales [...por las que] regulamos la mayor parte de nuestros juicios morales, que serían extremadamente inciertos y precarios si dependieran del todo de lo que está sujeto a tantas variaciones como las emociones y sentimientos inmediatos [*immmediate sentiment and feeling*], que los distintos estados de salud y de humor son capaces de alterar tan esencialmente.[96]

Si se quiere un ejemplo del propio Smith de este tipo de generalización moral –que por lo demás para él resulta siempre adaptable a las circunstancias de hecho–, se puede encontrar en el juicio que le merecía la exposición de niños en los estadios más "rudos y bajos" de la humanidad, donde

> ...es indudablemente más perdonable que en cualquier otro. La extrema indigencia de un salvaje suele ser tal que está frecuentemente expuesto a los mayores extremos del hambre, muere de pura necesidad y es frecuentemente imposible para él sustentarse a sí mismo y a su hijo. No podemos extrañarnos, pues, de que este caso lo deba abandonar. Alguien que al huir de un enemigo al que le es imposible resistir arrojara a su niño porque le retrasa la huida sin duda sería excusable, puesto que al intentar salvarle no podría esperar más que el consuelo de morir con él. Que en este estado de la so-

---

[96] *TMS*.VII.iii.2.6, pp. 319/541-542; cf. también, en similar sentido, *TMS*.III.4.8, pp. 159-160/283-284.

De modo similar, en referencia a la formación del modelo "de corrección y perfección exactas" propio del "hombre sabio y virtuoso", cuyas "observaciones sobre el carácter y conducta tanto propia como ajena" se van formando gradualmente "con la más aguda y delicada sensibilidad", dice Smith: "Cada día se mejora algún rasgo; cada día se corrige alguna imperfección. Él ha estudiado esta idea más que los demás, la comprende de forma más distintiva, se ha formado de ella una imagen mucho más correcta y está enamorado mucho más profundamente de su exquisita y divina belleza [...] Él recuerda, con preocupación y humillación, cuán a menudo ha violado las reglas exactas de la perfecta corrección por falta de atención, de juicio o de carácter, tanto de palabra como de obra, tanto en la conducta como en la conversación" (*TMS*.VI.iii.25, pp. 247-248/429-430).

ciedad, por tanto, debe permitirse a un padre juzgar si puede criar a su hijo no debería sorprendernos tanto.[97]

En el marco anterior, como han destacado Emma Rothschild y Amartya Sen, la razón es en nuestro autor un instrumento de control conforme al cual se evalúan no sólo los medios sino también los fines, y es imprescindible

...como reflexión razonada sobre la naturaleza de los procesos envueltos y de las consecuencias generadas a la luz de las evaluaciones que se tienen razones para aceptar.[98]

Y en efecto, la evaluación de la conducta y de los fines morales es en Smith el producto de la deliberación del espectador imparcial, donde la imparcialidad no procede directamente de las meras emociones concretas, que pueden ser engañosas o estar alteradas o pervertidas, sino que es un resultado equilibrado, sopesado, reflexivo, controlado por la inducción, la comparación y la generalización de distintos casos y ejemplos. En síntesis, a partir de las emociones de simpatía básicas y comunes en principio a todos los seres humanos, los criterios morales pueden ser imparciales como resultado de un previo ejercicio de reflexión racional.

6. Justicia, benevolencia y prudencia

Si ahora pasamos desde la teoría sobre la moral de Smith a su ética sustantiva o normativa, lo primero que destaca es que se trata de una ética de virtudes. Y de virtudes en plural, lo que es una razón para no relacionar su concepción con alguna versión incipiente del utilitarismo, como podría ser la de Hume o, sobre todo, la de Hutcheson, quien ya anticipó el criterio de Bentham sobre "la mayor felicidad del mayor número".[99]

---

[97] *TMS*.V.2.15, pp. 210/362-363.

[98] Rothschild y Sen, 2006, p. 358.

[99] De acuerdo con D. D. Raphael, es errónea la tesis de Rawls de que la teoría de Hume y Smith es utilitarista (Rawls, 1971, p. 27), cuando "Adam Smith, lejos de ser un utilitarista, fue un severo crítico del utilitarismo en muchas partes de su ética y su jurisprudencia"; y añade Raphael: "En su resumen final de la materia Smith enumeró cuatro fundamentos o 'fuentes' de la aprobación moral e hizo de la consideración a la utilidad la última y la menos importante de ellas" (1975, p. 96; en el mismo sentido, cf. también Raphael, 2007, pp. 44-47).
Como ha dicho Haakonssen, no sólo hay claros textos de Smith a propósito de la mayor importancia que debe darse a la moralidad de los medios sobre la utilidad o placer del fin (véase especialmente *TMS.* IV.i.3, pp. 179-180/318, y *TMS.*IV.i.11, pp. 185-187/325-327), sino que el criterio de utilidad, aunque en él tiene alguna influencia en el juicio moral, no es su primera o principal fuente, sino sólo secundaria, bajo la presuposición de que la conducta moral conduce a consecuencias útiles en el mundo, al menos en términos generales, salvando excepciones individuales (cf. Haakonssen, 1981, pp. 68-73). Por lo demás, tiene razón MacCormick en negar que Smith fuera "un abogado de la prosecución por cada persona de su pro-

Los contenidos principales a los que Adam Smith aplica su método de juicio moral en la *TMS*, y que en realidad compendian y absorben prácticamente el conjunto de su obra, son las tres virtudes de la justicia, la prudencia y la benevolencia o, como indistintamente denomina a esta última, la beneficencia o los buenos oficios. Ha de precisarse, sin embargo, que en la senda de la tradición de la filosofía moral clásica, de Aristóteles al estoicismo, Smith no reduce toda la moral a esas tres virtudes, pues en distintos lugares, especialmente en la *TMS*, se refiere también a virtudes como la amistad, la generosidad, la humanidad, la caridad o la veracidad. Más aún, en una cierta reformulación de las cuatro virtudes platónicas, a la justicia, la prudencia y la benevolencia añade el autodominio (*self-command*),[100] si bien como un complemento activo que posibilita o facilita el cumplimiento práctico de las demás virtudes.[101] Pero el protagonismo que las tres virtudes indicadas reciben en su obra está fuera de duda no sólo por el mucho menor espacio que dedica a las restantes (con excepción del autodominio), sino sobre todo por la relevancia que les atribuye para la subsistencia y la felicidad de la sociedad. Y es la determinación del alcance y posición de esas tres virtudes en la filosofía moral de Smith lo que permite, en mi opinión, situar en sus exactos términos en el conjunto de su obra el lugar de la ética, el Derecho y la economía como elementos integrados en una visión unitaria de la moral.

La filosofía moral sustantiva de Smith comprende sobre todo dos partes: en su propia terminología, la ética y la jurisprudencia.[102] Por *ética* entiende la ciencia de las virtudes al modo clásico, como propuesta vaga o en bosquejo de modelos valiosos de comportamiento, estudio éste, según Smith, bien adaptado a la consideración de

---

pio interés a toda costa", pues limitó tal prosecución a la esfera de indiferencia no garantizada por los derechos naturales: en ello "pertenece a la tradición del Derecho natural y no a la utilitarista" (cf. MacCormick, 1981, pp. 117-118; en similar sentido, recientemente, cf. Sen, 2009a, pp. 136-137 y 184-187, trad. cast., pp. 165-166 y 215-218).

[100] La derivación de la prudencia y la justicia de las clásicas *phron sis* y *dikaiosyn* es clara y la correspondencia entre el autodominio de Smith y la *s phrosin* de Platón está bien argumentada por Raphael (cf. 2007, p. 79), mientras que la benevolencia ha sustituido en Smith a la clásica fortaleza (*andreia*). Sobre el tema véase también Fitzgibbons, 1995, pp. 104-106.

[101] En efecto, el autodominio (que Rodríguez Braun traduce como "continencia") es en Smith una especie de "meta-virtud" presupuesta por las demás (cf. Haakonssen, 2007, p. 17), como lo muestra bien este texto: "Del hombre que actúa de acuerdo con las reglas de la perfecta prudencia, la estricta justicia y la apropiada benevolencia puede decirse que es perfectamente virtuoso. Pero el conocimiento más perfecto de estas reglas no le permitirá por sí solo actuar de tal manera: sus propias pasiones son muy apropiadas para engañarle [...] El conocimiento más perfecto, si no está respaldado por el autodominio más perfecto, no siempre le permitirá cumplir su deber" (*TMS*.VI.iii.1, p. 237/415; véase también, *supra*,el texto al que remite la nota 94).

[102] Digo "sobre todo" porque según la *TMS* existe una tercera parte, la casuística, a la que sin embargo descalifica expresamente como inútil: "Las dos partes *útiles* de la filosofía moral [...] son la Ética y la Jurisprudencia" (*TMS*.VII.iv.34, p. 340/575; cursiva mía); sobre la casuística, cf. *TMS*.VII.iv.15-33, pp. 333-340/565-575, así como *WN*.V.f.30, p. 771/680; véase sobre todo ello Shaver, 2006, pp. 205-206).

virtudes diferentes a la justicia, que, como la benevolencia, no admiten reglas "precisas y cuidadas".[103] La *jurisprudencia*, por su parte, es la

> ...investigación sobre cuáles son las reglas naturales de justicia independientes de toda institución positiva [...] o teoría de los principios generales que deben seguir y ser el fundamento de las leyes de todas las naciones,[104]

Tal es la que hoy denominaríamos la filosofía jurídico-política de Smith, que propone un estudio sistemático no sólo de las reglas de justicia en sentido estricto, sino que se refiere también

> ...a la policía [*police*], los ingresos y las armas, así como a todo lo que es objeto del Derecho.[105]

Conforme a ello, la jurisprudencia, como teoría de la virtud de la justicia en sentido amplio, comprende fundamentalmente dos tipos de estudio: de un parte, el referido a la justicia en sentido estricto, entendida como "seguridad frente a los agravios [...y] fundamento del gobierno civil",[106] lo que incluye las armas, es decir, la defensa del Estado frente a otros Estados y donde se despliega también el estudio del Derecho internacional; y de otra parte, el estudio de la "economía política", cuyos dos objetos principales no son otros que lo que Smith denomina "policía" e "ingresos", esto es, respectivamente, el suministro de bienes abundantes para la población y la provisión de los ingresos suficientes para que el Estado pueda cumplir sus funciones.[107] Cabe pensar que la razón fundamental por la que Smith extiende así el concepto de justicia, está en que tanto las acciones de policía como los ingresos públicos son condiciones para el mantenimiento del sistema de los derechos por los que se justifica el Estado, conformando así el criterio del interés general que permite coordinar las distintas exigencias, a veces en conflicto, de unos y otros criterios, como entre los derechos de propiedad y los impuestos.[108]

La anterior tripartición entre ética, justicia y economía no resulta ser una distinción de partes claramente diferenciadas, sino una clasificación algo heterogénea, casi a modo de cascada, donde tanto la jurisprudencia como la economía pueden verse como manifestaciones de la filosofía moral y, a su vez, la economía puede ser vista

---

[103] *TMS*.VII.iv.1, p. 327/557; cf. también *TMS*.III.6.11, p. 175/309.

[104] *TMS*.VII.iv.37, p. 341/577.

[105] *TMS*.VII.iv.37, p. 341/577.

En efecto, como ha indicado Haakonssen, "la policía, los ingresos y las armas" son también para Smith el objeto de la actividad política (cf. 2006b, p. 20); de las cuales, a su vez, la policía y los ingresos son el objeto de la política en su vertiente económica, es decir, de la Economía política.

[106] *LJ(B)*.5, p. 398/6.

[107] Cf. *LJ(A)*.i.1-2, p. 5/37; *LJ(B)*.5, pp. 398/6-7, y *LJ(B)*.204, p. 486/131; y *WN*.IV.Intr.1, p. 428/377.

[108] Cf. Méndez, 2004, pp. 304-309.

como una parte de la justicia.[109] Y es en el marco anterior en el que debe integrarse el cuadro de las tres virtudes principales de la teoría ética de Smith, para quien

...[e]l hombre que actúa de acuerdo con las reglas de la perfecta prudencia, la estricta justicia y la apropiada benevolencia se puede decir que es perfectamente virtuoso.[110]

Mientras la justicia es para Smith una virtud estrictamente negativa, que se realiza mediante la omisión o abstención de agraviar, en cambio, la prudencia o la benevolencia son virtudes positivas, que consisten en acciones de promoción del bien, el bien propio en la prudencia y el ajeno en la benevolencia.[111] Junto a ello, como se irá viendo, la prudencia es también la virtud característica del individuo en la esfera económica, mientras que la benevolencia podría decirse que se sitúa en dos planos: de un lado, el individual, que es el inmediato y principal, donde se caracteriza como esfera de la excelencia, la perfección o el mayor mérito moral, hasta el punto de identificarse a veces con el comportamiento virtuoso frente al meramente correcto o apropiado; y de otro, el plano colectivo, en el que tiene un cierto papel a través de la acción del Estado en cuanto complemento y garantía de la estricta justicia recomendando el suministro de ciertos bienes y servicios públicos que sirven al interés general en cumplimiento de la virtud de la beneficencia.

En el anterior esquema, la justicia se encuentra en el centro de gravedad de la moral. Su objeto es la seguridad de toda persona frente a los agravios en su cuerpo, su reputación o su patrimonio,[112] lo que también se puede formular sin forzar en absoluto su significado como la garantía de los derechos de cada cual a la integridad de su persona, a su honor y a su patrimonio. Por eso, además, la justicia es la úni-

---

[109] En todo caso, las tres materias estaban ya claramente diseñadas como tres de las cuatro partes en las que Adam Smith dividió su curso de filosofía moral en la Universidad de Glasgow a partir de 1752, según la relación de John Millar, que asistió a aquellas clases como alumno: "Cerca de un año después de su nombramiento para la enseñanza de la Lógica, el Sr. Smith fue elegido para la cátedra de Filosofía Moral. Su curso de lecciones en este tema se dividía en cuatro partes. La primera contenía la Teología Natural, en la que consideraba las pruebas de la existencia y los atributos de Dios y los principios del espíritu humano sobre los que se funda la religión. El segundo comprendía la Ética estrictamente dicha y consistía principalmente en las doctrinas que después publicó en su *Theory of Moral Sentiments*. En la tercera parte, trataba con mayor extensión de esa rama de la moral que se refiere a la *justicia* y que, al ser susceptible de reglas precisas y exactas, es por tal razón apropiada para una explicación completa y particular. [E]n la última parte de sus lecciones examinaba aquellas regulaciones políticas que se basan no sobre el principio de *justicia*, sino sobre el de *conveniencia* [*expediency*] y que se calculan para aumentar las riquezas, el poder y la prosperidad del Estado. Bajo este punto de mira, consideraba las instituciones políticas relativas al comercio, las finanzas y las instituciones eclesiásticas y militares. Lo que dictó sobre estas materias contenía la sustancia del trabajo que publicó después bajo el título de *An Inquiry into the Nature and Causes of the Wealth of Nations*" (cit. por Stewart, 1793, p. xvii).

[110] *TMS*.VI.iii.1, p. 237/415.

[111] Cf. Haakonssen, 2006, p. 5.

[112] Cf. *TMS*.II.ii.1.9, p. 82/177; para una buena explicación de la noción de agravio (*injury*) y su relación con la justicia, cf. MacCormick, 1981, pp. 106-109.

ca virtud cuya defensa permite la utilización de la coacción pública como medio. Ello es así debido a que su "observancia no está dejada a la libertad de nuestras propias voluntades",[113] pues la existencia de la sociedad depende de su mantenimiento y el Estado se justifica por la finalidad de su salvaguardia.[114]

Por su parte, para Smith la prudencia consiste en el

> ...cuidado de la salud, la fortuna, el rango y reputación del individuo [y] los objetos sobre los que se supone que depende su comodidad y felicidad en esta vida.[115]

Puesto que, según él, el cuidado de cada uno por sí mismo es una fuerte tendencia natural, para salvaguardar esta virtud no son precisas ni la acción del Estado ni la ayuda de los demás.[116] Pero esa misma tendencia natural, aun siendo en principio correcta o adecuada por ser cada cual el mejor juez de sus intereses, presenta también el riesgo de convertirse en vicio, por exceso de amor de sí (*self-love*) o egoísmo. Por eso, la prudencia tiene como límite infranqueable a la justicia, es decir, la virtud que garantiza la seguridad de cada cual que el Derecho está llamado a proteger frente a los agravios por parte de los demás:

> aunque la ruina de nuestro vecino pueda afectarnos mucho menos que un pequeño infortunio nuestro, no debemos arruinarle para evitar tal pequeño infortunio y ni siquiera para evitar nuestra ruina [...] En la carrera por la riqueza, los honores y las preferencias cada cual puede correr tan fuerte como pueda y tensar cada músculo y cada nervio para aventajar a sus competidores. Pero si tiene que empujar o derribar a alguno de ellos, la indulgencia de los espectadores termina por completo. Eso es una violación del juego limpio, que no pueden admitir. Ese hombre es para ellos, en todos los aspectos, tan bueno como él.[117]

Dejando pendiente para el apartado sobre economía la torturada cuestión de la relación entre autointerés, amor de sí y egoísmo, resta sólo por hablar de la tercera virtud principal según Adam Smith: la benevolencia o beneficencia, que es el componente abiertamente altruista de su sistema moral. El objeto de tal virtud es variado, pues comprende, ante todo, el cuidado de los familiares y seres más cercanos y la

---

[113] *TMS*.II.ii.1.5, p. 79/173.

[114] Cf. *TMS*.II.ii.3.2-3, pp. 85-86/182-183, *TMS*.II.ii.3.6, pp. 87-88/185-186 y *TMS*.VII.iv.36, p. 340/576. Como dicen Campbell y Skinner, "A los ojos de Smith, una precondición fundamental del orden social fue un sistema de Derecho positivo, incorporando nuestra concepción de las reglas de conducta que se relacionan con la justicia" (1976, p. 10).

[115] *TMS*.VI.1.5, p. 213/372.

[116] Cf. *TMS*.II.ii.2.1, p. 82/177, *TMS*.VI.i.1, p. 212/371, y *TMS*.VI.ii.1.1, p. 219/385, así como *WN*.IV.v.16, p. 531/470.

[117] *TMS*.II.ii.2.1, p. 83/178; cf. asimismo *TMS*.VII.ii.3.16, pp. 304/514-515, y *TMS*.VII.ii.4.8, pp. 309/521-522.

gratitud con nuestros benefactores. Pero abarca también, en un espectro amplio que puede parecer chocante, tanto la deferencia hacia los más poderosos como la ayuda a los más necesitados.[118] Es importante anotar que los actos de beneficencia se caracterizan porque no sólo resultan aprobados por el espectador imparcial en atención a su "propiedad" (*propriety*)[119] o corrección, como los de prudencia y justicia, sino que además son dignos de especial mérito o, dicho de otro modo, son actos que yendo más allá de la "mera propiedad" resultan ser de virtud, en el sentido de "excelencia", "completa propiedad" o, en fin, "completa perfección".[120]

Aparece aquí una cierta ambigüedad terminológica en la idea de virtud y de mérito en Smith, pues por un lado también la justicia y la prudencia son virtudes y, a la vez, toda virtud es expresión de un carácter y una conducta merecedores de elogio o alabanza,[121] pero por otro lado, la "virtud" como compendio de ciertas virtudes en su grado de perfección, especialmente de la benevolencia y el autodominio (cuyo incumplimiento no merece castigo), parece contraponerse a otras virtudes que imponen hábitos y conductas de exigibilidad general y común y en tal sentido no especialmente meritorias (aunque su incumplimiento sí merezca castigo).[122]

En todo caso, más allá de las oscilaciones terminológicas, en lo esencial Smith está distinguiendo claramente entre corrección (*propriety*) y mérito o, si se quiere, entre las virtudes de excelencia y las de mera corrección, con lo que estaba reconociendo una idea crucial para el liberalismo que remite a la relevante distinción actual, puesta en realce sobre todo por John Rawls, entre la esfera de lo bueno y la de lo justo o correcto. Las razones últimas de esta distinción responden a un mismo planteamiento general (aunque su interpretación y desarrollo concretos puedan ser muy

---

[118] Cf. *TMS*.VI.ii.1.1-2, p. 219/385; *TMS*.VI.ii.1.15-16, pp. 223-224/392-393 y *TMS*.VI.ii.1.20, pp. 225/394-395.

[119] En castellano carecemos de dos palabras distintas y próximas para reflejar la distinción que hace Smith entre dos conceptos distintos: de un lado, *propriety*, en cuanto 'corrección', en el sentido de comportarse con propiedad, lo que traduce el *decorum* ciceroniano (cf. Fitzgibbons, 1995, p. 58); y de otro lado, *property*, en cuanto propiedad o título jurídico sobre una cosa: sobre todo ello, cf. Long, 2006, pp. 296-297, que reporta que el término *propriety* significa 'propiedad [privada]' en Hobbes, quien no usa el término *property*, lo que se invierte en Locke, quien sólo usa este último término pero con ese mismo significado.

[120] Cf. *TMS*, I.i.5.7, pp. 25/75-76 y *TMS*.I.i.5.9, pp. 26/76-77; cf. sobre ello, Shaver, 2006, pp. 208ss.

[121] Por ejemplo, cuando explica así el sentido de la pregunta por la virtud: "¿O cuál es el tipo de disposición [*tone of temper*] y el tenor de conducta que constituye el carácter excelente y digno de elogio, el carácter que es el objeto natural de estima, honor y aprobación?" (*TMS*.VII.i.2, p. 265/459).

[122] Cf. Raphael, 2007, p. 74.

Como se puede colegir de mi interpretación unitaria de Smith y de lo que sigue en el texto, no comparto la argumentación de Vivienne Brown, basada centralmente en la idea de que la *TMS* responde a un tipo de discurso distinto a la *WN*, según la cual el autodominio y la beneficencia son para Smith el espacio propio de la moral, objeto básico de la *TMS* y fin ideal del filósofo, mientras que la justicia y la prudencia no tendrían carácter moral sino jurídico-político, siendo el objeto de la *WN* y la motivación de la gente común, con lo que Brown viene a proponer otra original solución del "Adam Smith Problem" mediante un nuevo punto de cesura en el pensamiento smithiano (cf. 1994, esp. caps. 1-2 y 4; sobre el "Adam Smith Problem", véase *infra*, apartado IV.3).

variables según distintos autores): la benevolencia se diferencia de la justicia por el rasgo formal de que, al menos en principio, queda a la libre voluntad de cada persona, sin ser exigible por la fuerza,[123] y la razón sustantiva de ello, que Smith aduce para diferenciar de manera neta entre ambas virtudes, es que tal virtud, a diferencia de la justicia, no resulta esencial para la subsistencia de la sociedad, sino únicamente para su felicidad: en particular, según él, la falta de ayuda a la miseria humana no compromete los valores primordiales de "la paz y el orden de la sociedad".[124]

No obstante, la relación entre benevolencia y justicia resulta algo más compleja en Smith de lo que indican las dos observaciones anteriores, que en definitiva, como ha sido pauta común hasta el siglo XIX, vienen a situar la atención a los necesitados en el ámbito de la beneficencia o caridad y no en el de la justicia.[125] En efecto, a pesar de que afirma sin más cualificaciones que "[l]a beneficencia es *siempre* libre",[126] pocos párrafos después precisa:

> Un superior puede, en realidad, en ocasiones, obligar con universal aprobación a quienes están bajo su jurisdicción a comportarse a este respecto con un cierto grado de propiedad entre sí,[127]

imponiendo legalmente deudas de beneficencia, como la manutención entre padres e hijos. Más aún, como se verá más adelante, en la *WN* Smith propugna la intervención del Estado en materia de educación general por razones que remiten a la idea de benevolencia. Sobre este tema, me parece en general concluyente la interpretación de Evensky de que

> ...no es inconsistente con la visión que Smith tiene del Estado el que éste sea un instrumento para la benevolencia de sus ciudadanos,

si bien el Estado tampoco está obligado a ello, como sí lo está a defender la justicia.[128]

Junto a lo anterior, el contraste establecido por Smith entre la benevolencia y la justicia se manifiesta en una diferencia ulterior: mientras la primera se puede ejercer en un marco abierto de posibilidades, la justicia exige la previsión de reglas cuidadas y precisas. En parte, esta distinción entre criterios abiertos y reglas específicas es una manifestación de una idea importante y recurrente en la historia del pensamiento

---

[123] Cf. *TMS*.II.ii.1.3, p. 78/171, y *TMS*.II.ii.3.3, p. 86/183.

[124] *TMS*.VI.ii.1.20, p. 226/395; para un desarrollo de este tema, véase *infra*, apartado V.1.b.

[125] Cf. Raphael, 2007, pp. 76ss.

[126] *TMS*.II.ii.1.3, p. 78/171.

[127] *TMS*.II.ii.1.8, p. 81/175.

[128] Cf. Evensky, 1994b, p. 191; sobre la noción de beneficencia en Smith, cf. también Haakonssen, 1981, pp. 83-89.

ético al menos desde Aristóteles: que las ideas de justicia "natural", aquellas que se pueden observar como principios muy generales y abstractos en distintos pueblos y culturas, han de ser concretadas mediante reglas específicas que especifiquen las diversas circunstancias y consecuencias propias de cada contexto, es decir, mediante reglas positivas que califiquen precisamente las conductas y establezcan sanciones determinadas (sea mediante costumbre o por obra de un legislador). Así, tales reglas, en cuanto positivas, no sólo se caracterizan por estar apoyadas mediante la fuerza de la comunidad de que se trate (una fuerza en principio justificada en cuanto que las reglas concretan criterios morales), sino que, además, pueden ser diferentes en distintos ordenamientos jurídicos.[129]

III. La filosofía jurídica: la jurisprudencia como teoría de la justicia

1. Justicia y derechos individuales

De las tres virtudes decisivas para Smith, son sobre todo la justicia y la prudencia las que se mantendrán más vivas y centrales en sus preocupaciones teóricas tras la primera edición de la *TMS*. O, dicho de otra manera, algo más precisa, tanto en las *LJ* como en la *WN*, la indagación de Smith se centra en el análisis histórico y empírico del funcionamiento de las instituciones políticas, tanto en su aspecto jurídico como en el económico. Sería, sin embargo, una simplificación distorsionadora reducir la visión smithiana del Derecho a manifestación de la justicia y la de la economía a manifestación de la prudencia. En realidad, tanto la justicia como la prudencia, e incluso la benevolencia, son para él, además de partes genuinas de la moral, también elementos integrables en el funcionamiento de las instituciones jurídico-políticas del Estado moderno.

Con todo, la enorme trascendencia que el Derecho ocupa en la concepción de Smith proviene de la relevancia decisiva que para él tiene la virtud de la justicia como fundamento básico necesario para la subsistencia del orden social. La "justicia natural" es el objeto de estudio de la "jurisprudencia", de la que llegó a sostener que es "con mucho la más importante de todas las ciencias".[130] La jurisprudencia era para él un estudio filosófico-moral de las reglas de justicia que deben regir y ser fundamento de cualquier sistema jurídico,[131] es decir, no tanto una teoría general del Derecho

---

[129] Ya Tomás de Aquino vino a recoger esa misma diferencia entre criterios imprecisos y reglas concretas en su distinción entre el desarrollo del Derecho positivo *per conclusione* y *per determinatione*. Y se trata también de un elemento fundamental en la justificación de Kant del Derecho público o positivo (racional) como necesario para la garantía del Derecho natural. Como, en fin, explica la relevancia que Habermas ha terminado por otorgar al Derecho como medio de realización de la moral en su obra más madura, *Factidad y validez*.

[130] *TMS*.VI.ii.intro.2, p. 218/383.

[131] Cf. *TMS*.VII.iv.36-37, pp. 340-341/576-577.

de carácter formal y con propósitos descriptivos, sino una teoría jurídica llena de contenidos históricos y sustantivos animada por el propósito de proponer también lo que hoy se denomina teoría de la justicia.

Para analizar la relación entre justicia y derechos individuales, conviene comenzar recordando que en la obra de Smith el término 'justicia' aparece en un significado doble, aunque interrelacionado. En su sentido más estricto, la justicia se presenta como "virtud negativa" que "sólo nos impide dañar a nuestro prójimo" y que "[a] menudo podemos cumplir [...] quedándonos sentados y no haciendo nada".[132] En su sentido más amplio, por su parte, es identificada con

> ...los principios generales del Derecho y del Estado [...], que deben seguir y ser el fundamento de las leyes de todas las naciones,[133]

de modo que abarca todo el conjunto de las reglas que, mediante el apoyo de la fuerza del Estado, constituyen los "cuatro mayores objetos del Derecho": a saber, "la Justicia, la Policía, los Ingresos públicos y las Armas",[134] que están llamados a algo tan extenso como garantizar y fomentar no sólo la seguridad personal, la libertad y la propiedad de los individuos, sino también su prosperidad material mediante la creación de las condiciones para la riqueza y la abundancia de bienes en la sociedad.[135] No obstante, en este apartado desarrollaré la concepción de Adam Smith sobre la justicia en sentido estricto, dejando pendiente el desarrollo de la idea de justicia en sentido amplio para el apartado dedicado a la economía política.

La visión de la justicia en sentido estricto, como prohibición de agravios en los derechos individuales al propio cuerpo, la reputación y la propiedad, es más conmutativa y correctiva que distributiva.[136] Con ello parecería que Smith está reduciendo el Derecho a Derecho privado, si en éste se incluye el Derecho penal, como efectivamente hace, de acuerdo con la tradición sobre la justicia conmutativa y con la idea de que las sanciones penales son la garantía de los derechos naturales. Pero se trata de una visión que él mismo corrige y amplía enseguida para abarcar también la esfera del

---

[132] *TMS*.II.ii.1.9, p. 82/176.

[133] *TMS*.VII.iv.37, p. 341/577; cf. también *LJ(B)*.5, p. 398/6-7.

[134] *LJ(B)*.5, p. 398/6; cf., de acuerdo con la pertinencia de este sentido amplio de la idea de justicia en Smith, Lieberman, 2006, pp. 237-238.

[135] Hay una cierta ambigüedad en este punto porque mientras en algunos textos la justicia en sentido estricto se diferencia sólo de la policía, pero no de los ingresos y las armas (cf. *TMS*.VII.iv.37, p. 341/577), en otros se distingue de los tres temas: así, el título que lleva el original de las *LJ(B)* es: "Juris Prudence or Notes from the Lectures on Justice, Police, Revenue, and Arms delivered in the University of Glasgow by Adam Smith Professor of Moral Philosophy" [*LJ(B)*, p. 396/3], y el propio Smith precisa en sus primeras páginas: "Los cuatro mayores objetos del Derecho son la Justicia, la Policía, los Ingresos públicos y las Armas" [*LJ(B)*.5, p. 398/6].

[136] Cf. MacCormick, 1981, pp. 106-108.

Derecho doméstico o familiar y la del Derecho político (al que él denomina Derecho público):[137]

El fin de la justicia es asegurar frente a los agravios. Un hombre puede ser agraviado en varios aspectos:

1º, como hombre,
2º, como miembro de una familia,
3º, como miembro de un Estado.[138]

A esta perspectiva, que clasifica al Derecho como un entramado de relaciones entre derechos y prohibiciones de agraviar en el ámbito interindividual o privado, en el familiar o doméstico y en el político o público, se le superpone parcialmente una distinta clasificación, entre derechos naturales y derechos adquiridos, hasta configurar un cuadro como el siguiente:

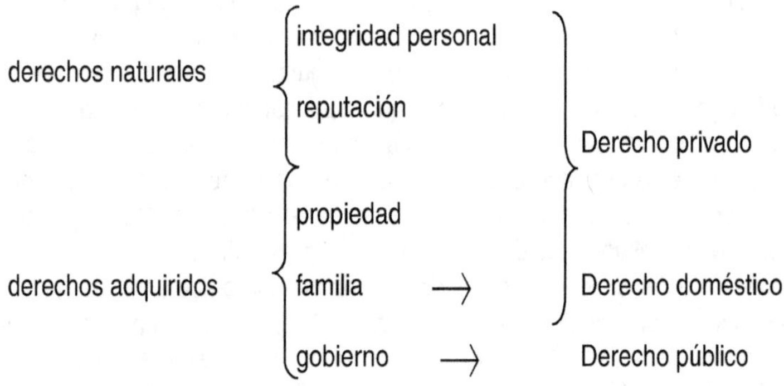

La distinción entre derechos naturales y adquiridos, que afecta a la cuestión del supuesto iusnaturalismo de Adam Smith, será tratada un poco más adelante. Por ahora, presentaré únicamente la visión que Smith propone acerca del contenido y alcance de los distintos derechos, lo que permitirá dar cuenta de su filosofía política, en especial de su defensa moderada del liberalismo. Hablaré primero de su visión del Derecho público y, dentro de él, del origen del gobierno y de su justificación y límites, me referiré después a su concepción del Derecho privado y, en especial, al derecho de propiedad y concluiré con su visión sobre el Derecho familiar y su crítica a la esclavitud. Luego será momento de sintetizar la actitud de Smith ante el Derecho natural y su tensión con el punto de vista histórico que tanto cultivó.

---

[137] Esta extensión, procedente del Derecho romano, era habitual en los estudios jurídicos de la época (cf. Stein, 1955, p. 98).

[138] *LJ(B)*.6, p. 399/11.

2. El Derecho público: origen y justificación del gobierno

El Derecho público, dice Smith, trata de los agravios que un hombre puede sufrir "como miembro de un Estado", donde "un magistrado puede ser agraviado por desobediencia o un súbdito por opresión, etcétera".[139] Dentro de las *Lecciones de jurisprudencia,* es en el tratamiento del Derecho público donde Smith manifiesta su gran interés por la historia y donde utiliza profusamente la teoría de los cuatro estadios: según ella, el desarrollo histórico de la humanidad se considera como el paso desde el primitivo estadio de la caza al del pastoreo y sucesivamente al agrícola para concluir en el estadio comercial.[140]

Según Adam Smith, el origen del Estado o gobierno civil no puede ser anterior a la acumulación de propiedad privada, que sólo aparece con el pastoreo y la consiguiente posesión por algunos patriarcas o padres de familia de extensos patrimonios de ganado. Es la riqueza adquirida durante la época del pastoreo la que introduce las grandes desigualdades que fundamentan la nueva forma de autoridad del gobierno civil: en un principio, el fundamento de la autoridad, en realidad débil, está en las cualidades personales y en la edad, y sólo después, con el gobierno civil ya asentado, la antigüedad de riqueza se asocia y se transmuta en largo abolengo o nobleza, que para Smith proporciona un fundamento más fuerte de subordinación por la tendencia general en los seres humanos al sentimiento de admiración de tales cualidades. Entre ambos momentos, la aparición del gobierno civil se produce mediante un concierto entre los más ricos y los propietarios de inferior fortuna "para la defensa del rico contra el pobre, o de quienes tienen alguna propiedad contra los que no tienen ninguna".[141]

Ahora bien, el acuerdo entre los propietarios no es para nuestro autor un pacto que al modo del iusnaturalismo racionalista *justifique* el poder político, sino que lo propone inicialmente para *explicar* su origen, que ocurre de manera natural e independiente de las razones que lo puedan hacer útil o necesario.[142] Podría decirse que Smith se encuentra en una posición intermedia entre dos extremos: de un lado, la posición de un iusnaturalista defensor de la propiedad privada como Locke, para quien el pacto social justifica el poder político con objeto de garantizar, entre otros, los dere-

---

[139] *LJ(B)*.6, p. 399/12.

[140] Cf. *LJ(A)*.i.27, p. 14/47, y entre otros, *LJ(B)*.149-50, p. 459/91; así como Campbell y Skinner 1976, pp. 11-16, Haakonssen, 1981, pp. 154 ss., y más en general, Meek, 1976.

Éste es uno de los varios puntos de las *LJ* en los que Smith sigue la inspiración de Montesquieu (cf. Montesquieu, 1748, XVIII.8, p. 236).

[141] Cf. *WN*.V.i.b.12, pp. 715/632-633; cf. también *WN*.V.i.b.2-12, pp. 709-715/629-633; *LJ(A)*.v.135, p. 324/370, y *LJ(B)*.12-20, pp. 401-405/15-19; sobre la conexión en este punto con Hume, cf. Forbes, 1975, p. 186.

[142] Cf. *WN*.V.i.b.12, p. 715/632; aunque Smith añade inmediatamente que "[l]a consideración de tal necesidad más tarde sin duda contribuye en gran medida a mantener y asegurar tal autoridad y subordinación" (*idem*).

chos de propiedad; de otro lado, la revolucionaria tesis de Rousseau, quien consideró que es la propiedad privada la que, dando origen al poder político, rompe el equilibrio entre los hombres y la naturaleza sometiéndolos al perverso y degenerativo curso de la civilización.[143] El siempre más moderado Smith se limita en principio a intentar dar cuenta del origen del poder político, sin justificarlo mediante el expediente del pacto.

En realidad, nuestro autor rechaza explícitamente la teoría contractualista y, dentro de ella, en especial, el criterio del consentimiento como fundamento moral del gobierno civil. Si se tiene presente la estructura básica de la teoría contractualista, resulta que la reflexión teórica de Smith es ajena a cada uno de los tres elementos que la componen: ni asume o presume un estado de naturaleza asocial, ni acepta la idea del contrato social ni, en fin, justifica el gobierno civil por el consentimiento de los gobernados. Dejando para más adelante su crítica a la figura iusnaturalista del estado de naturaleza,[144] sus argumentos contra el contrato social como artificio justificador del poder político sintetizan en buena parte las críticas de Hume.[145] Los más relevantes de esos argumentos destacan la imposibilidad práctica de abandonar el territorio y el inevitable carácter vinculante y jerárquico de la relación entre súbdito y soberano,[146] es decir, dos netas negaciones del valor que los iusnaturalistas otorgaban al consentimiento.

En contraste con el contractualismo, la justificación del poder político procede en Smith de la convergencia conjunta de los principios de autoridad y de interés general o utilidad. El principio de autoridad –por el que Smith se aproxima a la fundamentación de Burke del poder en la tradición– procede de la natural tendencia, aprobada por el espectador imparcial, que las gentes tienen a admirar y obedecer a quienes son superiores en rango por causas también naturales, como las cualidades personales, especialmente las espirituales, pero también por la edad, la riqueza y el nacimiento o linaje.[147] Pero la autoridad debe ir acompañada también por el principio del interés común o utilidad, que Smith identifica con las nociones de justicia y seguridad, sin referencia a la felicidad. Una vez más, Smith no está defendiendo una posición de

---

[143] En la segunda parte del *Discours sur l'origine et les fondements de l'inegalité parmi les hommes*, como es sabido, Rousseau considera que el origen histórico del poder político y de toda desigualdad está en el establecimiento de la propiedad privada por parte de los ricos y, a la vez, que ése fue el comienzo de los males de la civilización frente a la benignidad del estado natural (cf. 1755, pp. 248ss).

[144] Véase *infra*, apartado III.6.

[145] Cf. Hume, 1748, *passim*.

[146] Cf. *LJ(A)*.v.115-119, p. 316-318/361-363, y *LJ(B)*.15-18, pp. 402-404/16-18.

[147] Cf. *TMS*.I.iii.2.1, pp. 50-51/122-123, *TMS*.I.iii.3.1, pp. 61-62/136, *TMS*.VI.i.5, p. 213/372, *TMS*.VI.ii.1.20, p. 226/395, y *TMS*.VI.iii.30, p. 253/436; *LJ(B)*.12-13, pp. 401-402/15; y *WN*.V.i.b.4-11, pp. 710-714/629-32.

Sobre los anteriores textos, merece destacarse que Smith consideraba que "el respeto y la admiración [...] se deben sólo a la sabiduría y a la virtud", mientras que la disposición a admirar a los ricos y los poderosos, aunque necesaria para el orden social, "es, al mismo tiempo, la mayor y más importante causa de la corrupción de nuestros sentimientos morales" (*TMS*.I.iii.3.1, pp. 61-62/136).

carácter utilitarista, sino que más bien parte de la más tradicional y amplia idea del interés general como bien común.[148]

La consideración de la justicia como condición necesaria de legitimidad del poder, con los derechos individuales que hemos visto que lleva aparejados en Smith, explica su aceptación, aunque sea moderadamente, del derecho de resistencia ante las extralimitaciones graves del soberano:

> Cualquiera que sea el principio de lealtad, un derecho de resistencia debe ser indudablemente legítimo, puesto que ninguna autoridad es absolutamente ilimitada.[149]

Pero la aversión al racionalismo abstracto en nombre de lo que podría llamarse realismo historicista, junto a su característico moderantismo, explica muy probablemente que se resistiera a sistematizar adecuadamente esta materia y a extraer conclusiones precisas de los criterios por él mantenidos sobre la justicia.[150]

Tal vez lo que su talante personal le pedía era rechazar de plano cualquier solución racionalista, como hizo en la *TMS*:

> Que los reyes son los servidores del pueblo, para ser obedecidos, resistidos, depuestos o castigados según la conveniencia pública lo requiera, es la doctrina de la razón y de la filosofía; pero no es la doctrina de la Naturaleza.[151]

---

[148] En las *LJ(A)*.v.119-120, p. 318/363-364, dice Smith, respecto del "principio de interés común o general", que "cualquiera ve que los magistrados no sólo apoyan el gobierno en general sino la seguridad e independencia de cada individuo, y que esta seguridad no puede ser conseguida sin un gobierno regular"; en las *LJ(B)*.13-14, p. 402/15-16, precisa algo más: "Todo el mundo es sensible a la necesidad de este principio [la utilidad] para preservar la justicia y la paz en la sociedad. Mediante las instituciones civiles, el más pobre puede obtener reparación del más rico y poderoso y aunque puede haber irregularidades en casos particulares, como indudablemente las hay, sin embargo, nos sometemos a ellas para evitar mayores males."

[149] *LJ(B)*.94, p. 434/60.

[150] Smith, tal vez por incomodidad ante el asunto, dice: "En esta rama del derecho público es imposible hablar con algún grado de precisión. Los deberes de un súbdito respecto de otro están suficientemente determinados por las leyes de cada país y los tribunales de justicia, pero no hay jueces que determinen cuándo los soberanos hacen mal. Suponer a un soberano sujeto a juicio supone otro soberano [...] Dios es el único juez de los soberanos y nosotros no podemos decir cómo juzgará. Todas las decisiones en esta materia han sido tomadas por la parte vencedora, nunca fríamente por un tribunal de justicia, y no pueden darnos luz sobre la materia. Nuestras mejores nociones sobre ello provendrán de la consideración de los diversos poderes del gobierno y de sus progresos" [*LJ(B)*.91, p. 433/58]. Sin embargo, tal vez confirmando las vacilaciones que suscitaba en él la materia, en la versión anterior de las *Lecciones* Smith había matizado algo más: "aunque puede [*may*] resistirse al soberano, no se puede decir que exista ninguna autoridad regular para hacerlo. La propiedad, la vida y la libertad del súbdito están en alguna medida en su poder; no está determinado ni puede determinarse qué abusos justifican la resistencia. Ni leyes ni jueces han determinado ni pueden determinar esta materia, ni se han formado precedentes por los que podamos juzgar" [*LJ(A)*.v.138, p. 325/371].

[151] *TMS*.I.iii.2.3, p. 53/126.

Sin embargo, aun asistemáticamente, en las *Lecciones de jurisprudencia* justificó dos casos claros de derecho de resistencia, si no contamos también una referencia concesiva a las conspiraciones debidas a la "locura y la crueldad de los emperadores romanos":[152] de un lado, afirma que

> ...[l]os impuestos exorbitantes sin duda justifican la resistencia, porque ningún pueblo permitirá que se le quite la mitad de su propiedad;[153]

y, de otro lado, la expulsión del rey Jacobo II por sus usurpaciones y, sobre todo, por su pretensión de cambiar la religión de Gran Bretaña, reintroduciendo el catolicismo, se hizo, según Smith, "con toda la justicia y la equidad del mundo".[154]

En conjunto, del análisis anterior resulta la confirmación de cómo, en lo que se refiere al derecho de resistencia, Adam Smith es claramente un liberal en sentido estricto, más moderado que Locke, que aceptó y alentó abiertamente el derecho de resistencia, y más radical que Kant, que fue completamente adverso a él, como disolución de toda autoridad y como contradictorio con el concepto de soberanía. Por lo demás, el liberalismo de Smith no fue en absoluto democrático, mostrando más bien claras preferencias por una cierta aristocracia y defendiendo un gobierno sometido sobre todo a los criterios y conocimientos aportados por la filosofía moral que él mismo cultivó. Pero veamos estos rasgos de su pensamiento con un poco más de detalle.

3. Las formas de gobierno: liberalismo, aristocracia y democracia

Smith, en efecto, fue un buen liberal pero eso no hace de él, en absoluto, un demócrata, como en buena parte lo fue Locke en su defensa de los derechos de los

---

[152] *LJ(B)*.94, p. 434/60.

[153] *LJ(B)*.95, p. 435/60.

En las *LJ(A)* hay dos pasajes, algo diferentes entre sí, pero más radicales que el que he citado en el texto: "Sin duda la exacción de un impuesto muy exorbitante, como exigir tanto en tiempo de paz como de guerra o la mitad e incluso la quinta parte de la riqueza de la nación, justificaría, al igual que cualquier otro abuso de poder, la resistencia del pueblo" [*LJ(A)*.v.135, p. 324/370]; "Ahora bien, se pueden hacer muchas de tales cosas [leyes absurdas, impuestos impropios y guerras imprudentes] sin dar derecho al pueblo a alzarse en armas. Un abuso grande, flagrante y palpable sin duda lo daría, como exigirle pagar un impuesto igual a la mitad o al tercio de su caudal" [*LJ(A)*.v.141, p. 326/373]. Por lo demás, entre uno y otro texto, Smith no deja de cualificar su aceptación del derecho de resistencia: "El gobierno se estableció para defender la propiedad de sus súbditos, pero si llega a ser de la tendencia opuesta, aun así éstos deben aceptar el renunciar a un poco de su derecho. Uno debe aceptar el depositar una cierta confianza en el gobierno, aunque si éste la quiebra absolutamente se ha de presentar resistencia si sus consecuencias no son peores que la cosa misma" [*LJ(A)*.v.135, p. 324/370].

[154] *LJ(B)*.99, p. 436/62.

Sobre el derecho de resistencia en Smith, con una interpretación más próxima a la posición kantiana que la que propongo en el texto, cf. Haakonssen, 1981, pp. 129-131.

representantes parlamentarios. Los derechos que Smith defiende son los relacionados con la libertad individual, como ausencia de coacción, sin que le preocupara particularmente, al menos de manera directa, la participación en el poder político.[155] Es verdad que prefirió, y bien abiertamente, un sistema político en el que los impuestos fueran aprobados por un parlamento independiente del poder ejecutivo, pero lo que buscaba con ello era fundamentalmente lo mismo que con la independencia del poder judicial: más la salvaguardia de la libertad, incluido el uso de la propiedad, que la participación popular en el gobierno.[156] El consentimiento del pueblo sobre las leyes, además de una propuesta poco realista por situarse en contraste con lo que entonces ocurría en casi todos los países, le parecía francamente irrelevante.[157] Como buen y estricto liberal, lo importante para él no era que el pueblo participara en la elaboración de las leyes, sino el resultado de éstas.[158]

Para captar de manera amplia la posición de Smith ante la democracia, hay que atender, desde luego, a su teorización de las formas de gobierno, pero también, además, a su concepción sobre las principales clases sociales. Veámoslo sucesivamente.

La clasificación expresamente elaborada por nuestro autor de las formas de gobierno aparece sólo en las *Lecciones de jurisprudencia*, cuya sintética formulación es la siguiente:

Las formas de gobierno, aunque diversas, pueden ser reducidas no impropiamente a estas tres: monárquica, aristocrática y democrática. Éstas pueden ser mezcladas de un gran número de modos y solemos denominar al gobierno por aquella que predomina.

El gobierno monárquico se da donde el poder supremo y la autoridad está conferido a uno, que puede hacer lo que le place, hacer la paz y la guerra, imponer impuestos y similares.

El gobierno aristocrático se da donde una cierta categoría del pueblo en el estado, o los más ricos, o los de ciertas familias, tienen en su poder elegir a los magistrados que han de tener la dirección del estado.

El gobierno democrático se da donde la dirección de los asuntos pertenece a todo el cuerpo del pueblo en su conjunto.

---

[155] Cf. Forbes, 1975, p. 184-5, así como Haakonssen, 1981, p. 140, que señala la similitud de la posición de Smith con la de Hume.

[156] Cf. *LJ(B)*.61-65, pp. 420-422/40-44.

[157] "Ahora bien, vemos que en Francia, España, etc., en el consentimiento de pueblo no se piensa lo más mínimo; el rey impone los impuestos que le placen. Únicamente en Gran Bretaña se exige algún consentimiento del pueblo, y Dios sabe que no es más que un consentimiento muy metafórico y figurado. Y en Escocia todavía más que en Inglaterra, pues muy pocos tienen voto para elegir a un miembro del Parlamento que dé ese metafórico consentimiento; y sin embargo, esto no es reconocido en ninguna parte como una causa suficiente de rebelión" [*LJ(A)*.v.134-5, pp. 323-324/370].

[158] Cf. Forbes, 1974, p. 184.

Estas dos últimas formas pueden ser llamadas republicanas, y entonces la división del gobierno se hace entre monárquico y republicano.[159]

Esta clasificación se aparta un poco de la triple división de Montesquieu entre monarquía, república (sea democrática o aristocrática) y despotismo porque no incluye a este último: no por desconocerlo sino, seguramente, por la doble razón de que Smith consideraba que cualquier forma de gobierno puede ser despótica si viola los criterios de justicia y porque veía el despotismo como un fenómeno gradual más que como una categoría formulable de forma tajante.[160] Descontado el despotismo, acepta sin duda la otra parte de la distinción de Montesquieu, que sin duda es moderna, pues tiene su origen en la división entre principados y repúblicas iniciada en *El príncipe* de Maquiavelo. Ahora bien, la clasificación expresa y que Smith parece preferir es la clasificación tripartita clásica de las tres formas (originariamente buenas) de gobierno –monarquía, aristocracia y democracia–, que había sido rescatada por Rousseau sólo unos pocos años antes, en 1762, en su *Contrato social*.

Naturalmente, Smith está lejos de seguir a Rousseau en su preferencia por la democracia directa y, sobre todo, en su despectiva crítica al sistema representativo británico. Muy probablemente lo que más admiraba Smith es el sistema republicano aristocrático, lo que se trasluce cuando afirma que

...[l]a forma republicana de gobierno parece ser el principal apoyo de la actual grandeza [*grandeur*] de Holanda.[161]

Pero en todo caso, su preferencia expresa, y bien fundamentada en su propia teoría, era por un gobierno mixto, en el cual, además –y esta exigencia resulta decisiva– se mantenga la división de poderes. Lo que pretende el gobierno mixto, de vieja memoria en la tradición republicana romana, es una cierta combinación virtuosa de las tres formas de gobierno buenas: monarquía, aristocracia y democracia. Para Smith el propio sistema británico era un ejemplo de esa combinación, que vendría a asimilar en la práctica tal gobierno al republicano, de modo que en Gran Bretaña, dice,

se da una feliz mezcla de todas las diferentes formas de gobierno apropiadamente limitadas y una perfecta seguridad para la libertad y la propiedad.[162]

---

[159] *LJ(B)*.18-19, p. 404/18.

[160] En un revelador pasaje de la *Riqueza de las naciones*, comentando lo ruinoso que en todos los tiempos ha sido que el poder político se oponga violentamente al clero y a la Iglesia establecida, añade que "incluso en los más despóticos gobiernos" se han respetado especialmente esos derechos, según ocurre, concluye, "en cualquier graduación del despotismo, del amable y benigno gobierno de París al del violento y furioso gobierno de Constantinopla" (*WN*.V.I.g.19, p. 799/703).

[161] *WN*.V.ii.k.80, p. 906/804.

[162] *LJ(B)*.63, pp. 421-422/42; cf. también Forbes, 1975, p. 195, y Fitzgibbons, 1995, pp. 115-120.

No estará de más advertir que el componente democrático queda ahí reducido, de acuerdo con el espíritu de la época, a la representación de la clase de los propietarios (casi no hace falta añadir que varones).

Ahora bien, en la justificación smithiana del sistema británico, como en la de cualquier gobierno civil, lo más decisivo no es la combinación de las formas de gobierno, sino la división de poderes dentro del sistema, que es un concepto más amplio y distinto que el del gobierno mixto, en especial por la aparición del poder judicial como institución independiente del poder ejecutivo y, por ello, capaz de garantizar la igualdad ante la ley y los derechos de los individuos. Justo después de alabar la combinación de las tres formas de gobierno moderadas en el sistema británico, Smith se cuida de añadir que en él

> ...Todavía hay algunas seguridades más para la libertad. Los jueces nombrados para la administración de justicia lo son de por vida y del todo independientes del rey. A su vez, los ministros del rey son susceptibles de procesamiento [*impeachment*] ante la Cámara de los Comunes por mala administración y el rey no puede perdonarlos. Otra seguridad para la libertad del súbdito es la Ley de Habeas Corpus, por la que se limitaron las facultades arbitrarias del rey para detener a una persona en prisión tanto como le placiera y por la que el juez que rehúsa llevar a juicio dentro de cuarenta días a un prisionero si éste lo desea, es incapacitado para cualquier cargo.[163]

En el fondo, gobierno mixto, división de poderes e independencia del poder judicial no son para Smith más que medios institucionales adecuados para el propósito de reducir el poder político a sus debidos términos, que para él se resumen en la garantía de la justicia en sentido amplio, coincidente con el interés general de la sociedad.

Pero Smith es bien consciente de que en la sociedad existen intereses parciales en oposición a tal interés general. Dentro de ese conflicto, que puede afectar a muy distintos colectivos, da especial relevancia a las relaciones entre las que reconoció como las tres clases propias y esenciales en cualquier sociedad que ha llegado al estadio comercial, en el que el valor del producto del trabajo, que es la medida económica última,

> se divide naturalmente, tal y como se ha observado, en tres partes: la renta de la tierra, los salarios del trabajo y los rendimientos del capital, todos los cuales constituyen los ingresos de tres órdenes diferentes de personas, los que viven de la renta, los que viven de los salarios y los que viven del capital. Tales son los tres grandes órdenes ori-

---

[163] *LJ(B)*.63-64, p. 422/42; cf. también *LJ(A)*.iv.179, p 269/311, v.1, p. 270/312, y v.6-7, p. 272/314. Véase sobre el tema, Forbes, 1975, p. 192.

ginales y constitutivos de toda sociedad civilizada, de cuyos ingresos derivan a fin de cuentas los de cualquier otro orden.[164]

Pues bien, en la consideración smithiana resulta que la clase de los propietarios agrícolas, básicamente la aristocracia terrateniente, tiene intereses coincidentes con el interés general: sea positivamente, por la correlación entre el progreso económico y el aumento del valor de la tierra, sea negativamente, porque su indolencia, su relativa ignorancia y su dispersión le inhibe de atentar contra el bien público. Y algo similar dice de los trabajadores asalariados, también interesados en el aumento de la riqueza y carentes de influencia política por su falta de información y sus hábitos de vida. En contraste con los anteriores, los poseedores de capital, esto es, los fabricantes y comerciantes, son los claros villanos de la comedia: caracterizados muchas veces por nuestro autor por su rapacidad, su espíritu de monopolio y su tendencia a la conspiración contra el público, ellos son los que no sólo tienen intereses parciales, sino que han conseguido llevarlos a cabo mediante su excesiva influencia política, introduciendo en las leyes ventajas comerciales contrarias al interés público[165].

El remedio que Smith propone frente a las conspiraciones mercantilistas no es otro que el libre comercio como criterio básico, aunque no sacralizado, dentro un marco de leyes e instituciones que protejan de forma igual los derechos de seguridad, libertad y propiedad. Como protagonista de esa organización social, Smith defendió una nueva forma de aristocracia, la que denominó "aristocracia natural", señalada por el talento y el conocimiento de los complejos mecanismos sociales y destinada a aconsejar a los gobernantes, e incluso a incorporarse y dirigir el Estado. Aunque no se diga nunca expresamente, se trata sin lugar a dudas del *philosophe*, del ilustrado, del filósofo al que el propio Smith representa y cuyo conocimiento ha puesto a disposición del público y del poder político en una obra como la *Riqueza de las naciones*.[166]

---

[164] *WN*.I.xi.concl.6, p. 265/239.

[165] En uno de sus textos más conocidos y citados, Smith llega a decir: "La gente del mismo negocio rara vez se reúne, incluso para asueto o diversión, sin que la conversación concluya en una conspiración contra el público o en algún acuerdo para aumentar los precios" (*WN*.I.x.c.27, p. 145/125). Y también es bien significativo en la misma línea este otro pasaje: "La violencia e injusticia de los gobernantes de la humanidad es una mal antiguo para el que me temo que la naturaleza de los asuntos humanos difícilmente admite remedio. Pero aunque la mezquina rapacidad y el espíritu monopolístico de los comerciantes y fabricantes, que no son ni deben ser los gobernantes de la humanidad, no pueda ser corregida, sí puede evitarse fácilmente que perturbe la tranquilidad de cualquiera salvo la suya" (*WN*.IV.iii.c.9, p. 493/437).

Sobre todo lo anterior, es excelente la más amplia recapitulación de Méndez, 2004, pp. 360-370; véase también Rothschild y Sen, 2006, § III.

[166] Cf. Méndez, 2004, pp. 371ss. Ésta es una de las principales conclusiones de Méndez, 2004 (cf. esp. ap. V.4).

4. Derecho privado y propiedad privada

Para entender la concepción de Adam Smith sobre la propiedad privada, ha de partirse de la observación de que para él, al igual que para Locke, la propiedad procede en último término del trabajo:

La propiedad que cada hombre tiene sobre su propio trabajo, puesto que éste es el fundamento original de cualquier otra propiedad, es la más sagrada e inviolable.[167]

Ahora bien, si la ubicación del origen del Estado en la defensa de la propiedad desigualmente acumulada por los ricos en la época del pastoreo no constituye en Smith una justificación propiamente dicha del poder político, tampoco esa constatación comporta una especial justificación de la propiedad ni su colocación privilegiada entre los derechos individuales. Ni la propiedad privada es el único ni el primer derecho en la visión de Smith ni, en todo caso, se trata de un derecho ilimitado.

Ante todo, el derecho de propiedad es en Adam Smith jerárquicamente inferior a la integridad física, la libertad personal y la reputación.[168] No en vano la propiedad no es, al menos en principio,[169] un derecho natural sino adquirido. Así, mientras "la vida y la persona de nuestro prójimo", esto es,

---

[167] *WN*.I.x.c.12, p. 138/118).

Como ha señalado agudamente D. D. Raphael, la teoría de Smith mejora la de Locke porque resuelve de manera razonable la ambigüedad de esta última, según la cual el producto del trabajo pertenece a aquel a quien pertenecen el cuerpo y los brazos a modo de extensión o mezcla que transforma la realidad, una explicación que justifica poco y que se apoya en la ambigüedad del término 'pertenecer', que no significa lo mismo si se refiere a la relación de los brazos con el cuerpo y a la relación del producto del trabajo con los brazos. Smith, en cambio, explica la propiedad por la simpatía que produce el tiempo y el esfuerzo empleado mediante el trabajo (cf. Raphael, 2007, p. 110).

[168] "Un hombre puede ser agraviado: 1º, en su cuerpo, hiriéndole, mutilándole, asesinándole o infringiendo su libertad. 2º, en su reputación [...] 3º, [...] en su patrimonio" (*LJ[B]*.6-7, p. 399/12). Que esta enumeración implica una jerarquía está claro si se atiende a este otro pasaje: "Las leyes más sagradas de la justicia, por tanto, aquellas cuya violación parece llamar más ruidosamente a la venganza y el castigo, son las leyes que guardan la vida y la persona de nuestro prójimo; las siguientes son las que guardan su propiedad y posesiones; y vienen las últimas, las que guardan lo que se llaman sus derechos personales, o lo que se le debe por las promesas ajenas" (*TMS*.II.ii.2.2, p. 84/179).

[169] Aunque hay cierta vacilación dentro de las *Lecciones de jurisprudencia*, pues en las primeras se considera un derecho natural [cf. *LJ(A)*.i.12-13, pp. 8/40-41, y *LJ(A)*.i.24-25, pp. 13/45-46], mientras en las segundas, adquirido [cf. *LJ(B)*.8, p. 399/12 y *LJ(B)*.11, p. 401/14], tal vez esta diferencia pueda atribuirse a la idea de Smith de que en el estadio de la caza, anterior a la institución del gobierno, alguna mínima propiedad privada existe [cf. *LJ(A)*.i.33, p. 16/48], pero la prácticamente nula relevancia que otorga al derecho de propiedad en tal estadio permite interpretar que en sus formas civilizadas se trata de un derecho adquirido, esto es, como se verá, de los que se constituyen por la acción voluntaria de los hombres. No obstante, estas diferencias están presentes incluso dentro de las *LJ(A)* respecto de la relación entre la propiedad y otros derechos reales (como los "privilegios exclusivos", dentro de los cuales se sitúa la herencia), como una superación por parte de Smith de la identificación estoica entre razón y naturaleza (cf. Brown, 1994, pp. 116-119).

los derechos que un hombre tiene a la preservación frente a los agravios a su cuerpo y a su reputación se llaman naturales,[170]

y su fundamentación resulta, dice, "bastante evidente", en cambio, "los derechos adquiridos como la propiedad exigen más explicación".[171] Estos derechos tienen su origen en circunstancias históricas precisas como resultado artificial y consciente de ciertas decisiones humanas y, por tanto, carecen de la fuerza y la evidencia de los derechos naturales.

En consonancia con esa inferior jerarquía, aunque para Smith la propiedad privada debe poder ser usada y disfrutada con la mayor seguridad y libertad posible,[172] tampoco es ilimitada. Así lo pone claramente de manifiesto su hincapié en la justificación del sistema tributario, que según él debe ser equitativo para con los ciudadanos

> ...en proporción a sus respectivas capacidades, esto es, en proporción a los ingresos que disfrutan bajo la protección del Estado.[173]

Cierto que para Smith, como antes he señalado, el abuso en materia de impuestos puede justificar la resistencia del pueblo. Pero, salvando ese límite, en la *WN* aceptó de manera muy clara la idea de la progresividad impositiva, afirmando que la mayor repercusión de cierto impuesto sobre los ricos no sería una desigualdad "muy irrazonable", pues no lo es

> ...que el rico contribuya a los gastos públicos no sólo en proporción a sus ingresos, sino en algo más que en tal proporción.[174]

Más todavía, en referencia a las *poll taxes* (impuestos de capitación o *per capita*, que gravan por igual a cada ciudadano), Smith llega a afirmar que

> ...Todo impuesto [...] es para la persona que lo paga una marca no de esclavitud sino de libertad. Indica que está sometida al gobierno, ciertamente, pero que tiene, en la medida en que tiene alguna propiedad, él mismo no puede ser propiedad de un amo.[175]

Nada de lo anterior significa que Smith fuera un igualitarista que aborreciese toda distinción de rangos sociales, distinción en la que –como ya se dijo– basaba el princi-

---

[170] *LJ(B)*.8, p. 399/12.

[171] *LJ(B)*.11, p. 401/14.

[172] Cf., por ejemplo, *WN*.IV.ix.3, p. 664/591, y *WN*.V.iii.7, p. 910/808.

[173] *WN*.V.ii.b.3, p. 825/726.

[174] *WN*.II.ii.e.6, p. 842/742.

[175] *WN*.V.ii.g.11, p. 857/756.

pio de autoridad, para él decisivo, y cuyo respeto creía necesario para la estabilidad social.[176] No fue, desde luego, un socialista y ni siquiera un socialdemócrata *avant la lettre*, pero sí, para su época, un consecuente, aunque siempre moderado, liberal progresista. Así, fue un decidido partidario de una forma exigente de la igualdad liberal ante la ley, esto es, de una igualdad no sólo con independencia de la riqueza y el rango social, sino incluso como instrumento para la mejora de la situación de los pobres: por eso en la *WN* pondera la importancia de una administración de justicia igual, que no favorezca al rico y poderoso señor ni a esta o aquella clase particular en perjuicio de otras;[177] y por eso la transparente razón de su recurrente crítica al sistema mercantilista es su marcada antipatía frente a la soberbia de los poderosos y a "la baja rapacidad y el espíritu de monopolio que prevalece entre comerciantes y fabricantes".[178]

Ambas actitudes encajan coherentemente con sus simpatías humanitarias hacia las "capas bajas del pueblo"[179] y con su crítica a los impuestos no equitativos que, gravando más a los pobres que a los ricos, crean "una desigualdad de la peor especie".[180] Como escribió hace ya tiempo el economista austriaco Carl Menger, según lo han recordado Emma Rothschild y Amartya Sen:

> En todos los casos de conflicto de interés entre el rico y el pobre, entre el fuerte y el débil, Smith se colocó *sin excepción* en el lado del último.[181]

5. Derecho doméstico, familia y esclavitud

La colocación intermedia por parte de Smith del "Derecho doméstico" entre el Derecho público y el privado responde a la tradicional visión patriarcal de la familia, pro-

---

[176] Véase *supra*, nota 147 y el texto correspondiente.

Cf. también Fitzgibbons, 1995, pp. 166-169, que destaca cómo Smith no consideró la igualdad como un valor superior por más que apreciara positivamente los efectos igualitarios que atribuía a su sistema económico. No obstante, me parece que Fitzgibbons exagera el conservadurismo de Smith mediante alguna cita descontextualizada (como la referencia a la mayor importancia del orden social que el socorro del miserable, en *TMS*.VI.ii.1.20, p. 226/395, que a mi modo de ver es antes una descripción que una valoración) y una interpretación discutible sobre la visión smithiana de la pobreza, sobre lo que se habla a continuación en el texto.

[177] Cf. *WN*.IV.vii.c.54, p. 610/543, y *WN*.IV.viii.30, p. 654/582.

[178] *WN*.IV.iii.c.9, p. 493/437, de quienes añade "que no son, ni deben ser, los gobernantes de la humanidad"; cf. también *WN*.I.x.c.27, p. 145/125, *WN*.III.iv.10, p. 418/369, *WN*.III.iv.17, p. 422/372, *WN*.IV.ii.21, pp. 461-462/407, *WN*.IV.viii.4, pp. 643-644/572-573, y *WN*.IV.viii.17, p. 648/576.

[179] *WN*.V.i.f.61, p. 788/692.

Estas simpatías, de todas formas, no desmienten la preferencia de Smith por una cierta jerarquía social, especialmente en el sentido comentado *supra,* en el texto correspondiente a las notas 141 y 147.

[180] *WN*.V.ii.e.19, p. 846/746.

[181] Cf. Rothschild y Sen, 2006, p. 364.

cedente de las instituciones jurídicas romanas y en buena parte todavía socialmente vigente en la época. Según tal visión, las relaciones familiares, aun teniendo relevancia en la esfera privada, especialmente en lo que se refiere a la titularidad y la transmisión de la propiedad, eran vistas sobre todo como una institución pública, aunque no estatal, dotada de importantes prerrogativas de poder –originadas en el poder patriarcal y, después, paterno–, como las ejercidas por el padre sobre la esposa, los hijos y los esclavos. Su tratamiento independiente respecto del Derecho privado pone también de manifiesto los límites del individualismo de Smith, los dominantes en la cultura de la época, y conforme a los cuales el titular pleno de los derechos privados es el varón emancipado y propietario. Nada diferente, por lo demás, de lo que podemos ver en Hobbes, Locke, Kant o, en fin, en la mayoría de los revolucionarios franceses y americanos.

Aunque tanto el aspecto privado como el público de la institución familiar están presentes en el tratamiento que Smith lleva a cabo del Derecho doméstico en las *Lecciones de jurisprudencia*, domina el segundo sobre el primero. En efecto, con su característica preocupación por el desarrollo histórico de las distintas instituciones, insiste más en los aspectos públicos y éticos del matrimonio, especialmente en lo que concierne a la fidelidad de la esposa y al divorcio, que en su explicación o justificación en términos puramente privados de control marital de la propiedad.[182] Y algo análogo hace respecto de las relaciones paterno-filiales.[183] En fin, en lo que respecta a las relaciones entre amo y esclavo, Smith fue un decidido crítico de la esclavitud, tanto por razones directamente morales, de carácter humanitario y por su aprecio a la libertad y a la igualdad básica humana,[184] como también por razones de eficiencia

---

[182] Un ejemplo de ello, suficientemente ilustrativo, lo da el texto siguiente: "El primer deber es la fidelidad de la esposa al marido; la violación de la castidad es la mayor de las ofensas. Se pueden introducir hijos espurios en la familia y llegar a la sucesión en lugar de los legítimos. Esta utilidad real, sin embargo, no es el fundamento apropiado del delito. La indignación de la gente contra la esposa surge de su simpatía para con los celos del marido y, consiguientemente, está dispuesta a ofenderse y a castigar por ello. El sentimiento de los celos no se basa principalmente, o más bien en absoluto, en la idea de un nacimiento espurio. No es del acto concreto del que surgen los celos, sino que él considera la infidelidad de ella como una enajenación total de la preferencia que ella le debe frente a todas las demás personas. Ésta es la verdadera idea que él tiene de ello, como puede aparecer por la consideración siguiente. La idea de padre que tenemos no procede del voluptuoso acto que dio lugar a nuestra existencia, porque esta idea es en parte repugnante y en parte ridícula. La idea real de padre que tiene un hijo es la del guía de su infancia, el soporte de su desamparo, su guardián, modelo y protector; éstos son los sentimientos filiales apropiados. La idea paterna de hijo es la de alguien que depende de él y que ha sido criado en su casa o a sus expensas, por cuya convivencia debe crecer un afecto hacia él. Pero un descendiente espurio es desagradable por el resentimiento que surge contra la infidelidad de la madre" [*LJ(B)*.102-103, pp. 438-439/63-64].

[183] Cf. *LJ(B)*.101-130, pp. 438-450/63-79.

[184] En referencia al desprecio a la muerte y a la tortura entre los "pueblos salvajes", Smith escribe que "[n]o hay un solo negro de la costa de África que, a este respecto, no posea un grado de magnanimidad que muy a menudo el alma de su sórdido amo ni siquiera es capaz de concebir" (*TMS*.V.2.9, pp. 206/357-358).

económica, reputándola por ello "una mala institución incluso para los hombres libres" que poseen esclavos.[185]

6. Estado de naturaleza y sociabilidad

La distinción aludida entre derechos naturales y adquiridos –o *iura hominum naturalia* y *iura adventitia*– invita también a plantear el tópico del iusnaturalismo de Smith, que no admite una respuesta simple y unívoca. Desde luego, tratar tal asunto carecería de interés, o cuando menos de claridad, si no se tuviera presente la variedad de significados en los que puede hablarse de iusnaturalismo. En su significado más amplio, si por iusnaturalismo se entiende la consideración del Derecho (positivo) como conceptualmente ligado a criterios morales, es claro que Smith mantuvo una posición matizada, pues si bien afirmó que

> ...todo sistema de Derecho positivo puede ser mirado como un intento más o menos imperfecto hacia un sistema de jurisprudencia natural, o hacia una enumeración de las reglas particulares de justicia,[186]

también precisó que

> ...en ningún país las decisiones del Derecho positivo coinciden exactamente, en todos los casos, con las reglas que el sentido natural de la justicia dictaría. Los sistemas de Derecho positivo, por tanto, aunque merecen la mayor autoridad en cuanto registros de los sentimientos de la humanidad en diferentes épocas y naciones, nunca pueden ser considerados sin embargo como sistemas exactos de las reglas de la justicia natural.[187]

De todas formas, cabe añadir que en nuestro autor no hay una consagración como justo de todo sistema jurídico por su cumplimiento tendencial y mínimo de los criterios ideales de la justicia, al menos si los textos anteriores se integran con su aceptación, ya mencionada, de un cierto y moderado derecho de resistencia en la medida en que "que ninguna autoridad es absolutamente ilimitada".[188]

Los dos pasajes que se acaban de citar ponen también sobre la pista de un segundo sentido de iusnaturalismo del que Smith tampoco aparece como un decidido defensor. Si una de las principales versiones históricas del iusnaturalismo, el iusnatu-

---

[185] Cf. *LJ(B)*.138, p. 453/82; cf. también *LJ(B)*.130-146, pp. 450-456/78-88, así como *WN*.IV.vii.b.54, p. 587/523.

[186] *TMS*.VII.iv.36, p. 340/576.

[187] *TMS*.VII.iv.36, p. 341/577.

[188] *LJ(B)*.94, p. 434/60.

ralismo racionalista, se caracterizó por la pretensión de encontrar un código tendencialmente completo de principios y criterios morales de carácter racional y ahistórico apropiados para la regulación jurídica, él fue no sólo ajeno sino incluso adverso a semejante pretensión. Su sentido de la variabilidad histórica y su desconfianza hacia el racionalismo abstracto le impedían acometer tal programa, hasta el punto de que explica su parcial alabanza del *De Iure Belli ac Pacis*, de Hugo Grocio, a la que en la *TMS* calificó como, "con todas sus imperfecciones, quizá hasta hoy la obra más completa que nunca se haya realizado". Tales imperfecciones, añade a renglón seguido, provienen de no haber tratado "los principios generales del Derecho y el Estado" teniendo en cuenta "las diferentes revoluciones que han sufrido en las diferentes épocas y periodos de la sociedad", que es, precisamente, la tarea que él mismo se propone emprender en el futuro.[189]

En un tercer punto central se apartó también Adam Smith, al menos en parte, del iusnaturalismo racionalista: ya vimos que no aceptó la teoría del contrato social, con su justificación de la sociedad y el Estado por el consentimiento de los ciudadanos, como tampoco consideró la idea del estado de naturaleza previo a la sociedad al modo iusnaturalista, es decir, como estadio asocial en el que los hombres vivirían aislados y, como mínimo, en potencial conflicto entre sí. Sin embargo, sí hizo un lugar en su teoría a la construcción típicamente moderna de los derechos naturales, que por lo demás puede entroncarse con la convicción –común también a todo el iusnaturalismo, tanto aristotélico como moderno– de que sin justicia "la sociedad civil se convertiría en un escenario de masacre y desorden".[190]

Para Smith, como se recordará, el Estado o gobierno civil es algo que aparece tardíamente en la historia: inexistente durante la época de los cazadores, para él salvaje, se establece en la época del pastoreo. Pero tal establecimiento no procede de un pacto social ni pretende superar ningún estado de naturaleza asocial anterior a la unión social y política. Ciertamente, en Smith, como en Hume, el estado de naturaleza se corresponde con la época de los cazadores, que es para él un estado sin "gobierno regular" en el que los individuos "viven de acuerdo con las leyes de la naturaleza";[191] pero no se trata de un estado asocial, puesto que en tal época

...La sociedad consiste en unas pocas familias independientes que viven en la misma aldea y hablan el mismo lenguaje y que han concordado en permanecer juntas para su mutua salvaguardia.[192]

---

[189] *TMS*.VII.iv.37, p. 342/578.

[190] *TMS*.VII.iv.36, p. 340/576, donde, según señalan Rothschild y Sen, se encuentra una de las pocas ocasiones en las que Smith utiliza la expresión "sociedad civil" (cf. Rothschild y Sen, 2006, p. 350), y por cierto que en un significado que no parece ser ya el iusnaturalista (la sociedad civil como organización política) sino más próximo al de Ferguson (como agrupación social).

[191] *LJ(B)*.19, p. 404/18; cf. también *LJ(B)*.290, p. 523/178.

[192] *LJ(B)*.19, p. 404/18.

Pero la clave fundamental está en que los derechos naturales no proceden del estado de naturaleza, sino que son propios de toda sociedad. En Smith, al igual que en la tradición aristotélica que incluye al iusnaturalismo tomista, el ser humano es naturalmente sociable y por ello resulta superfluo postular la existencia de un contrato, real o hipotético, destinado a justificar la asociación entre los hombres:

> Es así como el hombre, que sólo puede subsistir en sociedad, fue preparado por la naturaleza para esa situación para la que fue hecho. Todos los miembros de la sociedad humana necesitan de la asistencia recíproca y están igualmente expuestos a los agravios mutuos.[193]

7. Derechos naturales pero históricos

Sin embargo, aunque la fuerte influencia estoica en Smith añada la creencia en un orden natural tanto físico como social, su justificación de algunos derechos individuales como anteriores e independientes de la existencia del Estado –pero no de la sociedad– es un elemento decisivo que le separa del iusnaturalismo clásico y medieval y le acerca a algunos presupuestos del moderno:[194]

> Entre iguales, todo individuo es considerado naturalmente, y con anterioridad a la institución del gobierno civil, como titular del derecho tanto a defenderse de los agravios como a ejercer un cierto grado de castigo por los que se le han causado.[195]

Tales son los "derechos naturales" (*iura naturalia*), que se diferencian de los derechos adquiridos (*iura adventitia*) porque son anteriores a cualquier acción humana de carácter voluntario (*omnem actum humanum antecedunt*),[196] es decir, que no dependen de la decisión o convención deliberada y artificial de los seres humanos.

Con todo, la coincidencia con el iusnaturalismo moderno ha de matizarse: en la visión smithiana, incluso los derechos naturales pueden ser entendidos como en alguna medida históricos o evolutivos, si por "natural" no se entiende aquello que está instintivamente prefijado sin modificación cultural alguna, sino únicamente lo que se contrapone a "artificial", esto es, a lo voluntaria o deliberadamente decidido. Conforme a esta última distinción, lo natural puede incluir prácticas convencionales pero que no proceden de un acuerdo "artificial" o deliberado, sino que son producto de modifi-

---

[193] *TMS*.II.ii.3.1. p. 85/182; véase también *TMS*.II.ii.2.1, pp. 82-83/177-179. Sobre ello, cf. Cairns, 1994, p. 40.

[194] Sobre las diferencias entre iusnaturalismo clásico y medieval, cf. Bobbio, 1979 y Ruiz Miguel, 2009, pp. 182ss.

[195] *TMS*.II.ii.1.7, p. 80/174.

[196] Cf. *LJ(A)*.i.12, p. 8/41.

caciones culturales *no intencionales*, como lo pueden ser la religión, el gobierno por los ancianos o la mayoría de las costumbres en las comunidades paleolíticas o neolíticas, que no son necesariamente idénticas en sus contenidos específicos en todos los lugares pero que se puede decir que se han formado naturalmente o que son naturales en el sentido de que no han sido el producto de una decisión o acuerdo deliberados.[197]

Por eso en Smith los derechos naturales no son por completo ahistóricos ni universales, y así lo muestra su explicación histórica de instituciones que violan derechos naturales, como la exposición de recién nacidos o la esclavitud.[198] Por ejemplificarlo, aun con el transfondo de su crítica moral y económica a la esclavitud, Smith llega a decir que

> ...Ha de observarse que la esclavitud se da en el comienzo de todas las sociedades y procede de esa tiránica disposición que casi se puede decir que es natural a la humanidad. Cualquiera que fuera la forma de gobierno establecida, sería parte de su constitución que la esclavitud continuara.[199]

Importa precisar aquí, sin embargo, el limitado alcance que Smith atribuye a este tipo de prácticas, a las que considera usos particulares que no deben servir para juzgar "el estilo de conducta general" y a las que excusa en su inicio, en cuanto producto de las circunstancias de extrema necesidad de los pueblos salvajes, pero condena como decididamente injustas cuando se mantienen más allá de esas razones por la mera inercia de las costumbres.[200] Como ha visto bien Amartya Sen, el espectador imparcial llama también a distanciarse de las propias costumbres y, por tanto, su criterio moral no tiene por qué coincidir con el criterio convencionalista.[201]

---

[197] La idea de una cierta naturalidad cambiante o evolutiva, al menos en parte, fue uno de los hallazgos más importantes que hizo el contemporáneo de Smith, Adam Ferguson, cuando destacó como naturales y especialmente relevantes todas las "instituciones que, siendo realmente el resultado de un acto humano, no son la ejecución de un designio humano" (Ferguson, 1767, IV.2, p. 155; tras la frase citada, Ferguson llama a pie de página a las *Memorias* del Cardenal de Retz, de quien debe proceder la idea); sobre este significado de "natural", véase Hayek, 1976a, pp. 39-42, y Haakonssen, 1981, pp. 19-24; sobre Ferguson, véase Wences 2006).

[198] Cf., sobre la exposición de niños, *TMS*.V.2.15, pp. 209-210/362-363 (pero véase todo ese cap. V.2); y, sobre la esclavitud, *LJ(A)*.iii.88-147, pp. 176-199/212-237, *LJ(B)*.130-145, pp. 450-456/79-88, *WN*.III.ii.9, pp. 387-388/348, *WN*.IV.vii.b.54-55, pp. 586-588/522-523, y *WN*.IV.ix.47, pp. 683-684/609-610; así como, en general, de acuerdo con la interpretación del texto, Haakonssen, 1981, p. 101.

[199] *LJ(B)*.134, pp. 452/80-81.

[200] Cf. *TSM*.V.2.11-16, pp. 208-211/359-363.

[201] Cf. Sen, 2009a, pp. 69-70 y 404-405, trad. cast., pp. 98-99 y 437-438. En una línea convergente y complementaria, Athol Fitzgibbons alega con buenos argumentos que el espectador imparcial de Smith es un tribunal individual de pretensión objetivista que rechaza la identificación de la moral con el consenso social de un determinado momento histórico (cf. 1995, p. 70; en coincidencia, cf. también Broadie, 2006, p. 180).

Junto a lo anterior, a diferencia de lo que ocurre en los iusnaturalistas racionalistas, el fundamento de los derechos naturales en Smith se encuentra en la idea de justicia tal y como la justificaría un espectador imparcial, sin que quepa atribuirlos directamente a las inclinaciones humanas naturales –como la libertad natural en Hobbes o Spinoza o el *conatus esse conservandi* en Pufendorf– ni, sobre todo, se hacen depender en último término de una razón identificada con el consentimiento racional. La figura del espectador imparcial, que juzga de la conducta propia y ajena conforme a sus sentimientos ponderados por la razón, por muy naturales que tales sentimientos sean y por muy ponderado que ese procedimiento esté por la razón, es sustancialmente ajena al intento del iusnaturalismo moderno de situar a la razón expresada por el consentimiento individual como fundamento básico de los derechos naturales.

8. Un pensamiento ilustrado matizadamente racionalista

Las distancias que Adam Smith toma respecto del racionalismo, sin embargo, no le excluyen de la tradición ilustrada, aunque hagan de él un ilustrado algo peculiar, un ilustrado que –al modo de Montesquieu, de quien tanto se observa la influencia en las *Lecciones de jurisprudencia*– avanza con cierto ímpetu algunos de los motivos del historicismo.[202] En efecto, ninguno de los componentes ilustrados o racionalistas que aparecen en la teoría de Smith concluye sin importantes matizaciones que en realidad resultan ajenas a la tradición racionalista.

Se acaba de comentar cómo los derechos naturales en Smith no son por completo ahistóricos ni universales. Ahora se puede añadir que si bien la teoría de Smith de los cuatro estadios se enmarca en una filosofía de la historia liberal, que presupone la idea de progreso y seculariza la concepción lineal de la historia típicamente judeo-cristiana, no ofrece, sin embargo, una concepción rectilínea e ingenuamente optimista ni deja de haber en ella concesiones a la visión cíclica de la historia, propia de la cultura clásica, como cuando se refiere a la "fatal disolución que aguarda a todo estado y constitución, cualquiera que sean".[203]

Cuestión diferente, naturalmente, es que el propio Smith aplicara deficientemente su propia doctrina, como sin duda lo hace, entre otras cuestiones, en su concepción de las relaciones familiares, bien reflejada en el texto citado *supra*, en la nota 182.

[202] Tal es el tema central del estudio de Giuliani, 1954.

[203] *LJ(B)*.46, p. 414/32; cf., en similar sentido al del texto, Haakonssen, 1981, pp. 178-179, así como Campbell, 1967, p. 577.

Seguramente no es casual que Maquiavelo fuera un modelo expreso para Smith, hasta el punto de considerarle como "el único de todos los historiadores modernos que se ha medido con lo que es el principal propósito de la Historia, relatar acontecimientos y conectarlos con sus causas, sin tomar partido por uno u otro lado" (*LRBL*.ii.70, p. 115).

Tampoco su concepción del Derecho positivo, sin ser antiilustrada, es plenamente racionalista: su moderación le hizo sustentar una posición intermedia entre racionalismo e historicismo, conforme a la cual la mayor confianza que tendía a depositar en el Derecho consuetudinario, especialmente del sedimentado mediante precedentes, no le hizo en absoluto abominar de la legislación, sino sólo ser cauto ante las transformaciones sociales deliberadas demasiado ambiciosas.[204]

También son ilustrados, en fin, aunque de nuevo con matices, otros dos motivos. En primer lugar, la fe de Adam Smith en la ciencia como "gran antídoto contra el veneno del fanatismo y la superstición", de la que también deriva su creencia en la influencia beneficiosa de la educación para las "capas bajas del pueblo".[205] Y en segundo lugar, su consideración hacia los derechos de las mujeres, que aun siendo más igualitaria y libre de los prejuicios dominantes en la época que en muchos ilustrados importantes, de Rousseau a Kant, no siempre estuvo exenta de tradicionales concesiones a ciertas desigualdades sociales por razón de sexo que eran calificadas de naturales: así, mientras de un lado puede observar –críticamente por el contexto– "que las leyes hechas por hombres no son del todo favorables a las mujeres" y que la consideración moderna de la mujer como objeto de placer la perjudica como ser igualmente racional que el hombre, de otro lado, sin embargo, no considera que la poligamia sea un agravio injusto contra la mujer, aunque sí una institución inconveniente y bárbara.[206]

El encuadramiento de Smith entre el racionalismo de la Ilustración y el realismo del historicismo le distancia también de la tradición iusnaturalista clásica, aquella que va de Aristóteles[207] al estoicismo y el tomismo, para la que la naturalidad de la sociedad y su incardinación en un orden cósmico racional convertía en innecesaria la justificación de una sociedad y de un Estado basados en la razón.[208] Si Smith recoge de la tradición clásica, incluido Maquiavelo, la subsistencia de una naturaleza humana común por encima de los distintos avatares históricos, también deja un amplio espacio para las diferencias que son producto de la adaptabilidad a distintas épocas y circunstancias económicas, políticas y culturales. Entre el polo de una moral decidida-

---

[204] Cf., por ejemplo, *TMS*.VI.ii.2.17-18, pp. 233-234/407-408, así como Cairns, 1994, pp. 32-33, 42 y 53-55, Haakonssen, 1981, pp. 152-153, y Giuliani, 1954, pp. 517-520, donde se destaca cómo en la controversia entre "civilistas" (Coke) y "racionalistas" (Hobbes) Smith sigue claramente a los primeros; en tal sentido resulta discutible la afirmación de MacCormick de que Smith siguió la "posición voluntarista estándar" sobre el Derecho positivo, que deduce por mera analogía de *TMS*.III.5.6, pp. 165/293-294 (cf. MacCormick, 1981, p. 109).

[205] Cf., respectivamente, *WN*.V.i.g.14, p. 796/700, y *WN*.V.i.f.61, p. 788/692.

[206] *LJ(B)*.109, p. 441/67, *LJ(B)*.112-115, pp. 442-444/69-71, y *LJ(B)*.104-105, p. 439/64-65.

[207] Sobre la distancia entre Smith y el modelo aristotélico del hombre como animal político, véase Cropsey, 1975, pp. 135-144.

[208] Según la oportuna fórmula de Bobbio, "la doctrina iusnaturalista del Estado no es sólo una teoría racional del Estado, sino también una teoría del Estado racional" (1979, p. 140; cf. también pp. 136-145 para calibrar cuánto se separa Smith de las pretensiones generales de los distintos defensores del iusnaturalismo racionalista).

mente universalista, de raíz estoica, que no deja de presuponer un orden racional en el que todo termina cuadrando, y el polo de una moral historicista, adaptada a las variables circunstancias concretas de tiempo y lugar de la sociedad de que se trate, se pone de manifiesto un equilibrio en tensión.[209] Y es una posición que más que recordar cualquier modelo anterior viene a prefigurar más bien, salvadas todas las distancias, la visión histórico-sociológica de Hegel e incluso de Marx.[210] En conclusión, el racionalismo de Smith matiza en parte el tono moralista y de crítica proyectiva propio de la Ilustración anticipándose en alguna medida a la hegeliana lechuza de Minerva, que abre los ojos cuando ya ha caído el día y considera a la filosofía sobre todo como un dar cuenta racional de lo acaecido: es decir, como un modo de conocimiento más receptivo que proyectivo, que propende más a la comprensión de la realidad social de manera histórica o concreta que a la formulación crítica de modelos ideales de sociedad de carácter abstracto.

IV. La economía: presupuestos éticos y regulación jurídica

1. Jurisprudencia y economía política

Como ya dije, la jurisprudencia es para Smith la rama de la filosofía moral que se ocupa especialmente de la virtud de la justicia. A su vez, dentro de la propia jurisprudencia se ha de recordar la distinción entre la justicia en sentido estricto, como conjunto de principios morales que prohíben violar los derechos de los individuos, y la justicia en sentido amplio, que tiene también el fin de fomentar la riqueza y, en general, el bienestar general como medio para garantizar la seguridad personal, la libertad y la propiedad de los individuos. Esta justicia en sentido amplio, que en las *LJ* incluye también las regulaciones relativas a "Armas", "Ingresos" y "Policía", se refiere precisamente a lo que constituyen los dos objetos fundamentales de estudio desarrollados en la *WN*:[211] esto es, por un lado, la policía, o criterios por los que el Esta-

---

[209] De una y otra posición pueden encontrarse textos en la obra de Smith, por lo que no es de extrañar que distintos autores destaquen sólo una de las dos posibilidades: así, para una visión básicamente universalista, véase Cropsey, 1975, pp. 136-138, y para una visión más historicista, véase Campbell, 1967, p. 574; para una interpretación más integrada, que comparto, véase Haakonssen, 1981, pp. 148-50.

[210] En este punto cabe añadir que hay dos interpretaciones básicas sobre la concepción de Smith: una, que le considera un materialista económico, si no pre-marxista, sí al menos "casi marxiano" (cf. Skinner, 1975, esp. p. 155), y otra que rechaza la interpretación anterior y lo tiene por un pluralista que, dentro de una concepción no determinista aunque sí causalista de la historia, excluyó como condición suficiente de los cambios históricos a los factores económicos e hizo jugar otros factores, como los militares, los políticos, los religiosos, los judiciales y los intelectuales (cf. Haakonssen, 1981, pp. 181-188).

[211] Aunque en la *WN* Smith usa en varias ocasiones el término *police* con el mismo significado que en las *LJ*, sin embargo, ya no la vuelve a recoger expresamente como título o referencia sistemática de ninguna parte de aquel libro.

do puede y debe fomentar la riqueza y la abundancia de bienes (a lo que dedica los cuatro primeros libros de esa obra, también dirigidos en buena parte a la crítica del sistema mercantilista), y por otro lado, los impuestos y demás ingresos destinados a cubrir los gastos de defensa, justicia y obras e instituciones públicas, así como al "sostenimiento de la dignidad del soberano" (a lo que dedica el libro V y último).[212] En el presente apartado me referiré precisamente al desarrollo por parte de Smith de la noción de justicia en sentido amplio, que es el marco en el que hay que insertar el pensamiento económico de Smith.

La insistencia en los temas básicos de la policía y los ingresos públicos es común a los estudios smithianos de jurisprudencia y a los de economía política. Si la jurisprudencia comprende el estudio de la justicia (en el sentido estricto antes visto), así como de la policía, los ingresos públicos y las armas,[213] por su parte, la "economía política" tiene dos objetos distintos:

> primero, suministrar al pueblo un abundante ingreso o subsistencia o, más propiamente, capacitarle para que pueda suministrarse tal ingreso o subsistencia por sí mismo; segundo, proveer al Estado o República de un ingreso suficiente para los servicios públicos. Se propone enriquecer tanto al pueblo como al soberano.[214]

Pero cabe insistir en que la justicia en sentido amplio está estrechamente relacionada con la justicia en sentido estricto por dos vías: de un lado, en la medida en que los ingresos públicos y las armas u organización de la defensa del territorio resultan ser, en todo caso, condición necesaria para la salvaguardia por parte del Estado de los derechos individuales; y de otro, porque tanto las armas y los ingresos como, al menos en parte, la policía –es decir, el fomento público de la abundancia de bienes– son en su obra medios que deben tener como fin el llevar a cabo específicamente los principios de justicia, garantizando la seguridad, la libertad y la propiedad.[215]

No obstante, las funciones que Smith atribuye al Estado no conciernen únicamente a la justicia, sino que también entra en juego la virtud de la benevolencia cuando se trata del mantenimiento de un sistema económico que fomente la riqueza y el bienestar de la nación. En realidad, la policía, en cuanto fomento del bienestar general, es manifestación de la benevolencia en su vertiente pública de beneficencia.

A la triple distinción entre armas (o defensa), justicia y beneficencia parecen corresponder los tres famosos deberes del soberano que Smith enumera sintéticamente en las últimas páginas del Libro IV de la *WN*, dedicado a "los sistemas de economía

---

[212] La anterior es la tesis dominante entre los estudiosos de Smith. En contra, dentro de la línea de que el pensamiento de Smith no es propiamente unitario y manteniendo que hay sustanciales divergencias entre las *LJ* y la *WN*, véase Brown, 1994, cap. 6.

[213] Cf. *TMS*.VII.iv.37, p. 342/578, y *LJ(B)*.5, p. 398/6.

[214] *WN*.IV.Intr.1, p. 428/377.

[215] Cf. Haakonssen, 1981, p. 95.

66

política", y de los que afirma que son los únicos deberes que el soberano debe cumplir "conforme al sistema de la libertad natural":

> primero, el deber de proteger a la sociedad de la violencia y la invasión de otras sociedades independientes; segundo, el deber de proteger, en la medida de lo posible, a cada uno de los miembros de la sociedad de la injusticia u opresión por cualquier otro miembro de ella, o deber de establecer una estricta administración de justicia; y tercero, el deber de erigir y mantener ciertas obras públicas y ciertas instituciones públicas que nunca pueden interesar, erigir y mantener a algún individuo o a un pequeño número de individuos porque el beneficio nunca podrá compensar el gasto de un individuo o un número pequeño de individuos, aunque frecuentemente pueda compensar con creces a una gran sociedad.[216]

2. Armas, ingresos y policía

Volvamos al esquema de las *Lecciones de jurisprudencia* con el que Smith organiza las tres funciones que el Estado debe llevar a cabo –las armas, los ingresos y la policía–, para compararlo con el tratamiento que estos tres temas reciben en la *Riqueza de las naciones*.

Las armas, esto es, la función de defensa que cumplen los ejércitos, son para Smith una condición de la existencia del Derecho y el Estado, ocupando un lugar central en la garantía de la justicia: así, en las *LJ(B)* afirma que

> ...Como la mejor policía no puede dar seguridad a menos que el gobierno pueda defenderse de agravios y ataques extranjeros, lo cuarto apuntado por el derecho tiene este propósito y bajo ese título se mostrarán los diferentes tipos de Armas con sus ventajas y desventajas, la constitución de los ejércitos permanentes, las milicias, etcétera.[217]

Por su parte, en la *WN* esta misma función, que como acabamos de ver constituye el primero de los tres deberes del soberano, resulta tratada como uno de los objetos básicos a los que deben dedicarse los gastos del Estado.[218] No obstante, el amplio tratamiento que de esta materia se hace en las *LJ* –cuya segunda versión es la única que concluye con un análisis el análisis del Derecho internacional, o Derecho de las

---

[216] *WN*.IV.ix.51, pp. 687-688/612-613.

Como ha puntualizado oportunamente Mehta, el sistema de libertad natural "es para Smith una *tarea*, y no algo que llega naturalmente" (2006, p. 257).

[217] *LJ(B)*.6, pp. 398-399/7.

[218] Cf. *WN*.V.i.a, pp. 689ss/614ss, donde Smith comienza afirmando que "[e]l primer deber del soberano, proteger a la sociedad de la violencia y la invasión de otras sociedades independientes, sólo puede ser realizado mediante una fuerza militar".

naciones–[219] se convierte en la *WN* en unas sumarias consideraciones históricas sobre los gastos en defensa y sobre la alternativa entre las milicias y los ejércitos permanentes.

En cuanto a la función de organizar los ingresos públicos, tiene por finalidad, además de compensar el tiempo y el trabajo empleado en los negocios del Estado por los magistrados, de "sufragar los gastos del gobierno".[220] Su complejo tratamiento del tema de los ingresos se desarrolla en el último de los cinco libros de la *WN*, pero se trata de un libro que ocupa más de una cuarta parte de las páginas de toda la obra. A su vez, de las tres partes en que se divide ese libro v, una dedicada a los gastos del Estado, otra prácticamente sólo a los tributos y la tercera a la deuda pública, aquellas dos primeras ocupan cinco de las seis partes de todo el tratamiento relativo a los ingresos. Bastan estas referencias para mostrar que no estamos ante un característico defensor de un Estado mínimo.

La función de policía, en fin, es vista por Smith de forma algo compleja y, junto con los ingresos públicos, constituye el nexo de unión directa entre el Derecho y la economía, produciéndose en ambos puntos un claro solapamiento entre el estudio de la jurisprudencia y el de la economía política. La policía comprende, según las *LJ*, tres funciones, referidas

> ...a la reglamentación de las partes inferiores del gobierno, a saber: la limpieza, la seguridad y la moderación de precios o abundancia. Los dos primeros, esto es, el método apropiado para quitar la suciedad de las calles y la ejecución de la justicia [...] se refieren a las reglamentaciones para prevenir los delitos o al método de mantener cuidada una ciudad.[221]

De esos tres tipos de reglamentación, el principal, al que Adam Smith dedicará una mucha mayor atención, tanto en las *LJ* como en la *WN*, es precisamente el tercero, "la moderación de precios o abundancia", que el gobierno debe promover cuando la justicia o paz interna está asegurada.[222] Y en tal significado es en el que la policía comprende "la baratura de las mercancías", la "opulencia del Estado" y

> ...Cualesquiera regulaciones realizadas respecto al tráfico, el comercio, la agricultura y las manufacturas del país.[223]

---

[219] Cf. *LJ(B)*.6, p. 399/7 y *LJ(B)*.339-58, pp. 545-554/213-224.

[220] *LJ(B)*.5, p. 398/7.

[221] *LJ(B)*.204, p. 486/131.

[222] Cf. *LJ(A)*.i.1-2, p. 5/37.

[223] *LJ(A)*.i.2, p. 5/37, y *LJ(B)*.5, p. 398/7.

Sería de algún interés rastrear la evolución del término "policía" en la cultura europea. Smith, con conciencia de su novedad en la lengua inglesa, lo cita como de origen francés (*police*, que pasa igual al inglés) y como a su vez derivado del griego *politeia*, pero reconociendo el cambio de significado desde "los principios políticos [*policey*] del gobierno civil" hasta "la reglamentación de las partes inferiores

La *Riqueza de las naciones* es, en sus cuatro primeros libros, un amplísimo desarrollo de ese tema, que puede sintetizarse en dos partes: por un lado, un extenso y detallado análisis del papel del trabajo, el capital y la renta de la tierra en el progreso de la riqueza económica en su propia época y a lo largo de la historia (libros I a III), y por otro, una prolongada crítica al sistema mercantilista (o de protección estatal de la industria y el comercio nacionales) que, acompañada de una concisa exposición de los sistemas agrícolas (aquellos "que consideran el producto de la tierra como la única o la principal fuente de renta o riqueza del país"[224]), concluye con la defensa por parte de Smith del "sistema de la libertad natural".

La interrelación que entre Derecho y economía propone Smith en las funciones de ingresos y de policía no ha de llamar la atención si se observa que en la *WN* se califica a la economía política, precisamente en cuanto estudio "de la naturaleza y causas de la riqueza de las naciones", como una de las ramas del "sistema del gobierno civil",[225] pero también como una de las ramas "de la ciencia del estadista o legislador".[226] En los dos casos, Smith está proponiendo una teoría que pretende desarrollar los principios morales a los que debe someterse el gobierno y la legislación para actuar conforme a la virtud de la justicia, pero, como enseguida veremos, sin desconocer el papel que también corresponde en el orden económico a la prudencia e, incluso, a la benevolencia.

----

del gobierno" (cf. *LJ(B)*.203, p. 486/131). En todo caso, el término *police* convive en la obra de Smith con el término *policy*, que tiene el significado todavía hoy usual de "política", sea, generalmente, como "medida política ("la política europea en las colonias" o "política de incentivación de la agricultura"), sea, excepcionalmente, como "acción política" ("ni la prudencia ni la política tuvo ni pudo tener parte": *WN*.I.xi.n.1, p. 256/229). Sin embargo, frente a la raíz griega en *polis*, también es posible su más cercana procedencia del latín *polio*, con el significado de "pulir" –y de ahí el significado del italiano *pulizia*, limpieza, todavía vigente–, conforme al que "policía" habría llegado a identificarse en el siglo XIX con el sistema de administración pública en su conjunto. Sólo posteriormente (para España hacia 1900, dice el Corominas) su significado ha derivado hasta referirse predominantemente al cuerpo administrativo especializado en el mantenimiento del orden público. Sea como sea, Smith lo usa inicialmente en el significado más amplio, recogiéndolo al parecer, de las *Institutions politiques* del Baron J. F. von Bielfeld (La Haya, 1760), en el que se daba cuenta de tres funciones del Lugarteniente General de Policía de París: "seguridad, limpieza y baratura. Estos tres objetivos comprenden, en efecto, la policía completa, la cual constituye, a su vez, el tercer gran objeto de la política interna del Estado" (Cannan, 1904, p. XLVII).

[224] Cf. *WN*.IV.ix, p. 663/591.

[225] *WN*.IV.ix.38, p. 679/605.

[226] *WN*.IV.Intr.1, p. 428/377 (para una interpretación distinta, véase Brown, 1994, pp. 120-140).

No obstante, las anteriores observaciones no excluyen la existencia de cierta contradicción o paradoja que Stigler ha destacado dentro de la propia *WN* y según la cual mientras en el campo de la economía y de sus reformas propone usar el autointerés, en cambio, en el ámbito político el mayor papel que Smith dio al prejuicio y la ignorancia le hizo proponer reformas que apelan a una moral más exigente (cf. 1975, pp. 237-244); para una respuesta a esta paradoja, véase Evensky, 1994a, pp. 24-26, y 1994c, p. 206.

3. ¿Benevolencia vs. prudencia?: "Das Adam Smith Problem"

Aunque sea en forma breve –porque en mi opinión no merece excesivo espacio, a pesar de la importancia que se le sigue dando–,[227] este repaso de la doctrina económica de Smith resultaría incompleto si no se hiciera una referencia al llamado "problema de Adam Smith". El problema se planteó en la doctrina económica alemana de mediados del siglo XIX para poner de manifiesto el presunto e insalvable contraste entre la *TMS* y la *WN* o, si se quiere, entre la teoría moral smithiana y su teoría económica.[228] La idea fundamental de esta denuncia es que ambas obras contendrían presuposiciones incoherentes sobre las motivaciones humanas: así, mientras en la *TMS* el ser humano aparece dibujado como un ser sensible caracterizado por el esencial altruismo que la figura del espectador imparcial exige para ponerse el lugar de los demás y, llegado el caso, limitar los intereses propios en favor de los ajenos, en cambio, en la *WN* el protagonista es el autointerés como motor esencial del aumento de la riqueza que caracteriza a la sociedad comercial.

Carlos Rodríguez Braun, editor de la edición en castellano de la *TMS*, lo ha explicado de la siguiente manera:

> el Adam Smith que escribió en la primera página de la *Teoría de los sentimientos morales*:
>
> > "Por más egoísta que se pueda suponer al hombre, existen evidentemente en su naturaleza algunos principios que le hacen interesarse por la suerte de otros, y hacen que la felicidad de éstos les resulte necesaria, aunque no derive de ella nada más que el placer de contemplarla"
>
> no es compatible con el Adam Smith que dejó esto escrito en la *Riqueza de las naciones*:
>
> > "No es la benevolencia del carnicero, el cervecero o el panadero lo que nos procura nuestra cena, sino el cuidado que ponen ellos en su propio interés [*their own interest*]. No nos dirigimos a su humanidad sino a su amor de sí [*self-love*] y jamás les hablamos de nuestras necesidades sino de sus beneficios".[229]

---

[227] Hay un reciente libro dedicado al asunto, con la exposición de las variadas posiciones ante el problema y con una nueva, alambicada y a mi modo de ver poco convincente interpretación del propio autor, esencialmente basada en la distinción entre un Smith utópico y un Smith realista que se correspondería con sus dos principales libros: Göçmen, 2007.

[228] Cf. Raphael, 2007, cap. 13, donde da cumplida y detallada cuenta del origen alemán del "Das Adam Smith Problem" en una obra de Bruno Hildebrand de 1848; curiosamente, Göçmen, 2007, que lleva precisamente ese título (en inglés), prácticamente no se ocupa del tema.

[229] Rodríguez Braun, 1997, p. 20; el primer pasaje son las primeras palabras de la *Teoría de los sentimientos morales* (*TMS*.I.i.1.1, pp 9/49), mientras el segundo, seguramente el más famoso y citado del autor, se encuentra en *WN*.I.ii.2, pp. 26-27/17, aunque la formulación está ya en *LJ(A)*.vi.45-46, p. 348/395, y *LJ(B)*.219-220, p. 493/141. Me he permitido hacer mi propia traducción de este último pasaje a efectos de utilizarlo más adelante para una precisión terminológica relevante (véase *infra*, nota 232).

Sin embargo, esta supuesta incoherencia puede tener una sencilla explicación, como sintetiza de forma difícilmente mejorable Víctor Méndez en su excelente libro sobre Smith:

¿Hay algo contradictorio en afirmar que existen sentimientos que hacen que los hombres se interesen de forma altruista por la suerte de los demás y sostener, a la vez, que es al propio interés del carnicero a lo que los hombres apelan para que éste les suministre su mercancía? Pues si en el primer caso no se dice que esos sentimientos constituyen la única base para toda relación posible entre las personas, ni en el segundo se sostiene que ese carnicero es incapaz de cualquier benevolencia hacia el cervecero, el panadero o el cliente con los que se relaciona, parece que lo que resulta entonces son simplemente dos descripciones de cosas que ocurren, y que pueden convivir perfectamente la una junto a la otra. La constatación de la primera acaso fastidie a los que están convencidos de que sólo el egoísmo puede organizar satisfactoriamente la sociedad, y quizás la de la segunda suscite la indignación de los más fariseos de entre los admiradores de la solidaridad. Pero tomar nota conjunta de ambas no significa de ninguna manera tomar partido concreto a favor de nada en especial.[230]

En suma, para ir concluyendo esta cuestión, no tiene nada de particular ni de incoherente sostener que el ser humano tiene tanto tendencias altruistas como egoístas –lo que, por cierto, no deja de ser el punto de partida del primer texto de Smith–, como no la hay en defender que en cierta esfera debe ejercer la virtud de la benevolencia mientras que en otra puede seguir su propio interés, aunque siempre dentro del respeto a la justicia. Al fin y al cabo, podría decir Smith, atender al propio interés bien sopesado es ejercer la virtud de la prudencia. Cuestión distinta, es que la noción de prudencia tenga sus propias complejidades en su obra, pero, como vamos a ver a continuación, se trata de complejidades que no coinciden con el llamado "Adam Smith Problem".

Debo precisar que Rodríguez Braun comienza diciendo que el contraste entre los dos textos es evidente "a primera vista", pero enseguida niega que haya dos Adam Smith porque ambas motivaciones están presentes en las dos obras citadas y, sobre todo, porque la distinción entre ética y economía no es tajante en Smith en la medida en que la *WN* no deja de ser "un trabajo de moral aplicada" (Rodríguez Braun, 1997, pp. 20-22, la cita textual en p. 21).

[230] Méndez, 2004, p. 19; por su parte, recientemente Amartya Sen ha defendido una interpretación sustancialmente idéntica (cf. Sen, 2009a, pp. 184-187, trad. cast., pp. 215-218).

Por lo demás, aunque las interpretaciones sobre la tensión entre la *TMS* y la *WN* son múltiples y a veces muy complejas (como muestra Göçmen, 2007), no me resisto a recordar la elegante solución de Albert O. Hirschman, para quien mientras en la *TMS* el motivo fundamental del comportamiento humano es el deseo de consideración y reconocimento, en la *WN* lo es la mejora del bienestar material y el beneficio económico, que en realidad sería una derivación de la primera motivación apropiada para la "gran masa de la humanidad" (cf. Hirschman, 1977, pp. 108-110, trad. cast., pp. 127-129).

4. Prudencia, autointerés y egoísmo

Vale la pena detenerse un poco en el significado de la virtud de la prudencia en el conjunto de la obra de Smith y en su relación con el autointerés y el egoísmo. Como ya se vio, el contenido esencial de la virtud de la prudencia es la búsqueda de la felicidad personal. Siempre con el límite del respeto a la justicia, cada cual es el mejor juez en la prosecución de los intereses propios y, por tanto, debe quedar en libertad de elegir por sí mismo los medios adecuados para tal fin. Smith lo quiso dejar bien claro muy poco antes del importante pasaje antes citado sobre los tres deberes del soberano:

> Todo hombre, en la medida en que no viole las leyes de la justicia, ha de ser dejado en completa libertad para perseguir su propio interés a su manera y para poner a competir su industriosidad y su capital con los de cualquier otro hombre o categoría.[231]

Junto a ello, la virtud de la prudencia está íntimamente asociada en nuestro autor a la noción de autointerés o amor de sí (*self-interest, self-love*),[232] pero también, en

---

[231] *WN*.IV.ix.51, pp. 687/612.

Entre la cita del texto y la de los tres deberes del soberano según el sistema de la libertad natural, se encuentra este pasaje, que afirma la defensa del libre mercado con un argumento que luego extendería Friedrich Hayek: "El soberano queda del todo descargado de un deber que intentar conseguir le ha de exponer siempre a innumerables frustaciones y para cuya consecución ninguna sabiduría ni conocimiento humano nunca podría ser suficiente: el deber de controlar [*superintentindg*] la industriosidad de los particulares y de dirigirla hacia los empleos más adecuados al interés de la sociedad" (*idem*).

[232] Fitzgibbons ha sostenido que "[e]l autointerés [*self-interest*] fue raramente mencionado en la *Riqueza de las naciones*, pero hay frecuentes referencias tanto al *self-love* como al autointerés en la *Teoría de los sentimientos morales*, donde se dan diferentes significados a los dos términos [...] el *self-love* significaba puro ego, era moralmente dudoso y aunque podía ser útil tenía que ser constreñido [...] 'Autointerés' era un término más incluyente porque mitigaba el *self-love* con un grado de virtud" (1995, pp. 137-138; en posición opuesta, considerándolos sinónimos, aunque sin más argumentación, cf. Raphael y Macfie, 1976, p. 22).

Discrepo con las tesis de Fitzgibbons, de la primera a la última. Hoy, gracias a las ediciones electrónicas de la *WN* y de la *TMS* se puede rastrear exhaustivamente el uso de ambos términos y averiguar que mientras *self-love* aparece sólo dos veces en la *WN* y 30 veces en la *TMS*, en cambio, *self-interest* u *own interest* aparecen 36 veces en *WN* y 17 veces en la *TMS*. En cuanto al asunto del significado, que es lo sustancial, creo que ambas expresiones son perfectamente equivalentes en Smith. Aunque es cierto que en *TSM self-love* se usa críticamente en la mitad de las ocasiones (como cuando se habla de las *delu-sions of self-love* o del riesgo de parcialidad del *self-love*), ello ocurre en contextos en que se pretende mostrar que la justicia o la benevolencia debe dominar sobre el autointerés. En la otra mitad de los casos se usa *self-love* de manera descriptiva o, incluso, positiva, bien claramente cuando Smith critica el sistema de Hutcheson (*TSM*.VII.ii.3.12-16, pp. 303-304/513-515) o cuando afirma que "el amor de sí [*self-love*] puede ser frecuentemente un motivo virtuoso de acción" (*TSM*.VII.ii.4.8, p. 309/521; la misma idea en VII.ii.3.16, p. 304/515): nada extraño, por cierto, en alguien que aceptaba explícitamente la doctrina del estoico Zenón de que "todo animal fue encomendado por la naturaleza a su propio cuidado" (*TSM*.VII.ii.1.15, p. 272/472, de la que se hace eco casi literal en II.ii.2.1, p. 82/177, y VI.ii.1.1, p. 219/385). Por su parte, aunla medida en que Smith no siempre fue estricto en el uso de los términos, con la de egoísmo (*selfishness*):

La preocupación por nuestra propia felicidad nos recomienda la virtud de la prudencia; la preocupación por la de los demás, las virtudes de justicia y beneficencia [...] la primera de esas tres virtudes nos es recomendada originariamente por nuestras afecciones egoístas [*selfish*] y las otras dos por nuestras afecciones benevolentes.[233]

En realidad, Smith utilizó *selfishness* de manera ambigua, unas veces con una connotación neutra que admite un uso positivo, como en el texto anterior, y otras veces peyorativamente,[234] en correspondencia con la ambigüedad que el término tiene en la lengua inglesa, a diferencia de la española.[235] Si esto es así, mientras el término

---

que "autointerés" se usa la mayoría de las veces en sentido neutro o positivo, también en algún caso se recuerda que puede ser "extravagante e injusto" (cf. *TSM*.III.6.7, p. 173/306). Todo lo anterior se puede confirmar en la *WN*, donde, por un lado, el famoso pasaje del carnicero usa como sinónimos *self-love* y *own interest* (véase *supra* el texto correspondiente a la nota 229) y, por otro lado, esta última expresión no sólo en ocasiones aparece también de manera neutral o positiva (como ocurre en el famoso pasaje de la mano invisible: véase *infra* el texto correspondiente a la nota 244), sino que también *own interest* se usa a veces críticamente, sea para indicar que no debe sobrepasar la justicia (cf. el texto correspondiente a la nota anterior), sea incluso para censurar el autointerés de los comerciantes y fabricantes (véase *supra* el texto correspondiente a la nota 165) (cf., sustancialmente de acuerdo con mi interpretación del *self-love* smithiano, Mehta, 2006, pp. 258-259).

[233] *TMS*.VI.concl.1, p. 262/450.
Creo que no llevan razón Raphael y Macfie en su afirmación de que Smith distingue entre *self-love* y *selfishness*. Según estos autores, Smith "usa '*selfishness*' en un sentido peyorativo cuando tal *self-love* resulta en daño o desprecio de los demás. Mientras Smith está dispuesto a asociar *selfishness* con 'rapacidad' (*TMS*.IV.I.10), también insiste, contra Hutcheson, que un apropiado 'cuidado de nuestra propia felicidad e interés privados' es un elemento necesario en la virtud (VII.ii.3.16)" (Raphael y Macfie, 1976, p. 22). Sin embargo, aparte de las varias referencias que se citan en la nota siguiente, en la *TMS* hay al menos un pasaje en el que la clara identificación entre *self-love* y *selfishness* desmiente su supuesta distinción: "La simpatía, sin embargo, en ningún sentido puede ser considerada como un principio egoísta [*selfish*]. Cuando simpatizo con tu sufrimiento o tu indignación, se podría suponer que en realidad mi emoción se basa en el autointerés [*self-love*] [...Pero] mi pesadumbre es solamente por ti y en absoluto por mí mismo. No es, por tanto, en absoluto egoísta [*selfish*]" (*TMS*.VII.iii.1.4, pp. 317/537-538).

[234] Así, aunque Smith usa *selfish* o *selfishness* en sentido peyorativo en los tres casos en los que tales términos aparecen en la *Riqueza de las naciones* (*WN*.II.iii.42, p. 349/315; *WN*.IV.ix.13, p. 668/596; y *WN*.V.iii.1, p. 907/805 [en mala traducción en este último caso]), sin embargo, la ambigüedad es continua en la *TMS*, donde aparecen hasta en 35 ocasiones; por señalar sólo los más claros y relevantes, véanse, para el uso peyorativo: *TMS*.II.ii.1.3, p. 78/172; *TMS*.III.3.4, p. 137/252; *TMS*.III.4.1, p. 157/280; y *TMS*.IV.i.10, p. 184/324; y para el uso neutro (y en ocasiones positivo): *TMS*.I.i.1.1, p. 9/49; *TMS*.I.ii.5.1, p. 40/105; *TMS*.III.6-7, pp. 172-174/305-306; *TMS*.VI.iii.3-4, p. 238/416; *TMS*.VII.ii.intro.4, p. 267/464; y *TMS*.VII.ii.3.16, pp. 304/514-515.

[235] En inglés, el término *selfishness* admite un uso más neutro que nuestro "egoísmo", cuya única acepción según la RAE es "Inmoderado y excesivo amor a sí mismo, que hace atender desmedidamente al propio interés, sin cuidarse del de los demás". Así, el *Collins Essential English Dictionary* (ed. 2006) da una primera acepción de *selfish* negativa ("caring too much about oneself and not enough about others"), pero

"autointerés" se adapta bien a *self-love* en cuanto que ambos pueden tener una connotación neutra e incluso positiva, en ocasiones puede resultar inapropiado traducir *selfishness* por egoísmo[236] y prácticamente imposible encontrar un término en castellano que recoja su doble connotación, neutra y peyorativa.

La idea de fondo, en todo caso, sería que en Smith el amor a uno mismo, siempre que no sea excesivo, degenerando entonces en vicioso egoísmo, puede ser perfectamente compatible con la justicia e, incluso, como ha dicho algún autor, podría configurarse como una virtud que abarca

> ...una preocupación por la equidad, o respeto a los demás, y un sentido de la propia existencia y participación en una comunidad social más amplia.[237]

Esta solución sería perfecta si no fuera porque en el propio Smith no deja de existir una cierta ambigüedad de fondo hacia las acciones motivadas por el autointerés, que si de un lado reconoce como la base de la virtud de la prudencia, de otro lado considera a veces críticamente, como producto de una actitud egoísta de carácter mezquino o simplemente vanidosa y, por tanto, carente de mérito o virtud.

Esta paradoja, que no debe confundirse con el comentado "Das Adam Smith Problem", no me parece irrelevante porque pone en contraste no únicamente la idea sobre la prudencia y el autointerés como virtud de la *TMS* con ciertas afirmaciones más distantes o críticas hacia las actitudes egoístas de los hombres que aparecen en la *WN*, sino incluso en el interior de algún texto que puede encontrarse en esta última, como el siguiente:

> Una revolución de la mayor importancia para la felicidad pública se llevó a cabo de esta forma por dos diferentes tipos de gentes que no tenían la menor intención de servir al público. Satisfacer la vanidad más pueril fue el único motivo de los grandes propietarios.

---

una segunda neutra ("[of behaviour or attitude]) motivated by self-interest"); y *The Shorter Oxford English Dictionary on Historical Principles* (ed. 1973) da las siguientes acepciones, entre las que algunas tampoco parecen tener connotación peyorativa: "*Selfish*: Devoted to or concerned with one's own advantage or welfare to the exclusion of regard for others. b. Used (by adversaries) as a designation of those ethical theories which regard self-love as the real motive of all human action [acepción datada en 1847]; *Selfism*: Devotion to or concentration upon one's own interests; self-centredness. Also, the 'selfish theory' of morals". En fin, algo similar ocurre en la definición que este último diccionario proporciona del término "Egoism": "The theorie which regards self-interest as the foundation of morality. Also, in practical sense: Regard to one's interest; systematic selfishness. (*Latterly opp. To altruism*)".

[236] Por ello, traducir "excessive selfishness" al castellano como "egoísmo desmesurado" –como hace Rodríguez Braun (*TMS*.VII.ii.3.4, p. 301/511)– da la idea de un egoísmo particularmente vicioso en contraste con el simple egoísmo, también siempre vicioso, e impide ver la idea presupuesta por Smith de que, bien dirigido, puede existir un egoísmo sano o virtuoso. Puesto que, dada su definición en castellano, esta última expresión sería contradictoria, como "crueldad bondadosa", sería preferible traducir "excessive selfishness" por "excesiva preocupación por uno mismo" o "excesivo amor de sí".

[237] Malloy, 1994b, p. 116.

Los comerciantes y artesanos, mucho menos ridículos, obraron únicamente con miras a su propio interés y en prosecución de su buhonero principio de sacar un penique siempre que se pueda. Ninguno de ellos se dio cuenta ni previó la gran revolución que fueron obrando gradualmente la estupidez de los unos y la industriosidad de los otros.[238]

Obsérvese aquí que, frente a la clara y constante antipatía de Smith hacia la ridícula y estúpida vanidad de la nobleza feudal, en cambio, la mezquindad de comerciantes y artesanos no sólo no se aprecia como ridícula, sino que termina apareciendo al final como industriosidad. ¿Se trata de una paradoja resoluble o de una contradicción en toda regla?

Para responder a esa pregunta, ha de advertirse ante todo que de existir, la contradicción no estaría en haber sostenido que los vicios privados pueden transformarse en virtudes públicas, sino en defender por un lado que es la virtud de la prudencia la que, con la industriosidad y el buen cuidado de uno mismo que alienta, termina generando el bienestar colectivo, y en criticar por otro lado como vanidoso, estúpido, mezquino y, en fin, poco virtuoso el comportamiento que genera aquel bienestar. A mi modo de ver, sin embargo, es posible rechazar que haya una contradicción tras caer en la cuenta de que la paradoja es resoluble porque reside en la propia estructura de la noción de prudencia (como por lo demás de la noción de autonomía individual), en cuanto que se define en general como aquella conducta que cada cual considera apropiada para el cumplimiento de sus propios fines e intereses. A partir de ello, resulta prácticamente inevitable que, después, desde el punto de vista del observador externo que acepta tal definición general, las distintas personas puedan tener fines e intereses, e incluso adoptar medios adecuados para conseguirlos, que contradigan el modelo de comportamiento virtuoso del observador. Y de esta manera una persona no tiene por qué dejar de ser prudente por el hecho de ser avara, vanidosa o poco amable. La prudencia, como por lo demás la autonomía, no garantiza otras virtudes sino sólo que las acciones llevadas a cabo en su ejercicio no son inmorales mientras no traspasen el límite de la justicia.[239]

Y, en efecto, es claro que, si no se traspasa el límite de la justicia, no hay oposición en Smith entre la moral y el autointerés como motivo de las acciones humanas, pues el espectador imparcial aprueba la conducta del hombre prudente que atiende a su interés privado:[240]

El cuidado de nuestra propia felicidad e interés privados se funda también en muchas ocasiones en muy laudables principios de acción;[241]

---

[238] *WN*.III.iv.17, p. 422/372.

[239] Más peliaguda de resolver me parece la paradoja que Albert O. Hirschman vio como contradicción irresoluble entre la defensa de Smith del aumento de la riqueza como causa del progreso social y, a la vez, su desprecio por los bienes que, como motor de aquel progreso, la vanidad humana incita a consumir (cf. 1982, p. 56).

[240] Cf. *TMS*.VI.i.11, p. 215/375.

[241] *TMS*.VII.ii.3.16, p. 304/514.

Ciertamente, como este mismo texto admite *a sensu contrario*, el autointerés podría deberse en otras ocasiones a principios de acción no tan laudables, como cuando invade el terreno de la justicia o, incluso, aunque ello no sea estrictamente incorrecto, de otras virtudes pertinentes en la ocasión.

Si mi argumentación está bien fundada, aquí se encontraría la gran diferencia entre la tesis de Smith y la de Mandeville, que erróneamente se han identificado a veces.[242] El holandés Bernard de Mandeville hizo notoria ya en su tiempo una paradójica pero eficaz defensa del egoísmo y la codicia individuales como fermento de la virtud pública. Su famosa obra *La fábula de las abejas*, publicada en 1714, llevaba por subtítulo: *O vicios privados, beneficios públicos*, y consiste en un largo poema satírico a propósito del comportamiento de las abejas, que por su solo instinto individual componen el complejo concierto de una colmena productora de miel. Comparando a las abejas en la colmena con los individuos de la sociedad comercial de su tiempo, Mandeville justificaba más o menos irónicamente cómo en una sociedad organizada bajo el principio del libre comercio los intereses egoístas de cada individuo son capaces de producir como resultado el bienestar general. Sin embargo, Smith, a diferencia de Mandeville, no veía como necesariamente vicioso el comportamiento del hombre autointeresado, porque ese comportamiento está bendecido por la virtud de la prudencia mientras no afecte a la virtud de la justicia. Los beneficios públicos en Smith, así, proceden de la conjunción de las virtudes de la prudencia y la justicia, y no de los vicios privados.

5. Prudencia y mano invisible

En la concepción smithiana el motor básico —aunque no el único— del sistema económico reside en la virtud de prudencia individual, entendida como la actuación autointeresada de los distintos individuos que contratan entre sí para subsistir, subvenir a sus necesidades y mejorar su bienestar. Así lo pone claramente de manifiesto el bien conocido pasaje de las primeras páginas de la *Riqueza de las naciones* sobre

---

[242] Véase en tal sentido la crítica de la *TMS* al "sistema del Dr. Mandeville", al que se dedica el capítulo titulado "De los sistemas licenciosos" (cf. VII.ii.4.6-14, pp. 308-314/520-529) y donde se llega a afirmar que "[l]a gran falacia del libro del Dr. Mandeville está en que representa toda pasión como completamente viciosa [...], y es mediante este sofisma como llega a su conclusión preferida: que los vicios privados son beneficios públicos" (*TMS*.VII.ii.4.12, p. 312/527; cf. también, de acuerdo con la tesis que desarrollo en el texto, Mehta, 2006, pp. 259-262).

Entre quienes han asociado erróneamente a Smith y a Mandeville destacan Edwin Cannan (1904, pp. LXVIII-LXXII), Friedrich Hayek (cf. 1976b, p. 186, nota 7) y, más recientemente, Charles Taylor (2007, pp. 183, 201 y 229); para una justa crítica de tal asociación, véase McNally, 1993, pp. 46-50.

la benevolencia del carnicero, ya antes citado.[243] Y así lo confirma la archifamosa imagen de la mano invisible como mecanismo para la consecución del interés general a través de la interacción de numerosas acciones que buscan un interés particular:

[Ningún individuo] pretende, en realidad, promover el interés público, ni sabe hasta qué punto lo está promoviendo. Al preferir apoyar la industria doméstica a la extranjera únicamente pretende su propia seguridad; y al dirigir tal industria de tal forma que su producto pueda ser de mayor valor, sólo pretende su propia ganancia, y en éste, como en otros muchos casos, es conducido por una mano invisible a promover un fin que no entraba en su intención. Lo que no siempre es lo peor para la sociedad. Al perseguir su propio interés frecuentemente promueve el de la sociedad de una manera más efectiva que cuando pretende promoverlo.[244]

Hagamos un pequeño alto para comentar la expresión "mano invisible", que Smith sólo usó en tres ocasiones.[245] Se ha discutido si, como por ejemplo pretendió Galbraith,[246] la expresión es una mera metáfora más o menos afortunada de un mecanismo social propio de una cierta organización social y no también un resultado garantizado por un orden racional providencial. A mi modo de ver, a este texto le sigue tan de cerca una alusión a la Providencia que parece confirmar suficientemente que la mano invisible fue en Smith algo más que una simple metáfora, hasta expresar probablemente su posición religiosa, fuera ésta deísta o panteísta pero en todo caso confiada en la existencia de un orden natural racional que, dado el cumplimiento de ciertas condiciones contingentes, rige también el ámbito social.

No obstante, fuera ésa o no la base de su creencia, lo que no está presuponiendo Smith aquí es, al modo de Mandeville, que la mano invisible transforma en bien general el motivo corrupto del interés individual, como erróneamente se ha dicho.[247] Mucho más sencillamente, en la relación entre el autointerés como ejercicio de la

---

[243] Cf. *supra*, el texto correspondiente a la nota 229.

No obstante, para una interpretación discordante, según la cual la pretensión fundamental de la *WN* fue defender la primacía de una economía agrícola y no del libre mercado propio de una sociedad comercial e industrial, véase Brown 1994, cap. 7.

[244] *WN*.IV.ii.9, p. 456/402.

No estará de más observar que Smith no pretende con este texto defender la industria nacional frente a la extranjera, sino que, al contrario, en el contexto de su crítica a las medidas proteccionistas frente las mercancías extranjeras que confieren monopolios a las industrias domésticas, lo que quiere significar es que, sin tales trabas, los fabricantes, al invertir buscando su interés, promoverán el interés general (cf. sobre ello Rothschild y Sen 2006, p. 346).

[245] Así, con una función explicativa muy similar a la de la famosa cita del texto aparece ya en la *TMS* (cf. IV.1.10, pp. 184-185/324), aunque Smith la había usado por vez primera, con un sentido diferente, en *HA*.III.2, p. 49.

[246] Cf. Galbraith, 1987, p. 78, que sigue una vieja tesis de Viner; en similar sentido, cf. también West, 1990, p. 171.

[247] Cf., por ejemplo, Taylor, 2007, p. 183.

prudencia y los resultados generales no directamente queridos por ese ejercicio, Smith fue uno de los primeros en poner de manifiesto que el intercambio en condiciones de libre competencia es un juego de suma positiva, que por tanto incrementa al menos el beneficio de los participantes (y en tal medida en el del conjunto). Ciertamente, todavía pasaría bastante tiempo para explicar de manera más completa el mecanismo de mano invisible, como en lo esencial haría Friedrich Hayek poniendo de relieve la importancia de la información que transmiten los precios en un mercado libre. Pero uno de los méritos duraderos de Smith es haber abierto el camino en esa dirección. Como también fue mérito suyo, según veremos a continuación, destacar que el mercado no es el único mecanismo siempre apropiado para conseguir el interés general.

6. La función del Estado en la economía.

Queda por hablar de la función del Estado en la economía, pero para ello hay que volver al elenco de las principales virtudes morales, que, como se recordará, eran para Adam Smith la justicia, la prudencia y la benevolencia.

El aumento de la riqueza económica de la nación mediante la producción e intercambio de bienes y servicios bajo el impulso prudencial del autointerés no constituye para Smith el único criterio de la mejor organización social, sino que la actividad económica, precisamente porque se encuentra garantizada por el Estado, ha de estar también sometida a los límites y constricciones jurídicas impuestas en aras de la justicia y de otros propósitos sociales, entre los que figura una cierta organización estatal de la benevolencia. Para Smith, las limitaciones a la libertad natural pueden proceder no sólo de la justicia en sentido estricto, como conjunto de deberes sobre la seguridad de su persona, la reputación y el patrimonio de las personas, sino también de la existencia del Estado, necesaria y justificada para mantener el orden que es condición de la justicia estricta, así como ciertos intereses sociales generales que tienen que ver con la justicia en sentido amplio y que incorporan la idea de la beneficencia. Veámoslo con más detenimiento.

Cierto que el ideal de Adam Smith es

> ...permitir que cada hombre persiga su propio interés particular a su manera, bajo la pauta liberal de igualdad, libertad y justicia.[248]

Y aunque con "el orden y el buen gobierno" en las ciudades se establece, según él, "la libertad y la seguridad de los individuos",[249] se trata de una libertad limitada, una

---

[248] *WN*.IV.ix.3, p. 664/591. Téngase en cuenta aquí que el término 'liberal' usado por Smith no tiene el significado político actual (que, como se ha dicho tantas veces, parece que nace en España, tras la Constitución de Cádiz, como contraposición entre "liberales" y "serviles"), sino el tradicional, asociado a la idea de liberalidad como generosidad (de acuerdo, cf. Rothschild y Sen, 2006, p. 344).

[249] Cf. *WN*.III.iii.12, p. 405/360.

libertad que, según sus propios ejemplos, así como no puede ser absoluta frente al riesgo de incendio, tampoco lo debe ser respecto de acciones socialmente peligrosas. Conforme a ello, considera que el gobierno debe limitar la libertad natural de emisión de billetes bancarios, al igual que suscribe la intervención estatal mediante "algún tipo de prueba" para el ejercicio de las profesiones liberales o de cualquier "cargo honorable de confianza o de lucro".[250] De este modo, no es extraño que en el citado pasaje de la *WN* sobre los tres deberes del soberano, la libertad natural aparezca expresamente limitada no sólo por la justicia estricta, sino también por otras dos fuentes de limitaciones:

la defensa nacional y ciertas obras públicas y ciertas instituciones públicas.[251]

En lo que se refiere a la defensa nacional, en efecto, es altamente significativo que Smith justificara el monopolio sancionado por el Acta de Navegación (que restringía el comercio con Gran Bretaña por parte de barcos extranjeros) alegando, precisamente, que la defensa "tiene mucha más importancia que la opulencia".[252] Y en cuanto al capítulo de las obras y las instituciones públicas que el Estado ha de erigir y sostener, Smith está pensando, ante todo, en lo que los economistas denominan bienes públicos, que son todos aquellos que una vez que están disponibles, lo están para todos sin que nadie pueda ser excluido de su uso o disfrute (no excluibilidad) y sin que su consumo los reduzca o agote (no rivalidad). Debido a estos rasgos de no excluibilidad y no rivalidad, los bienes públicos son muy difíciles de establecer y mantener mediante la acción de los meros particulares, debido a la dificultad de repartir apropiadamente sus costes evitando la aparición de gorrones (*free-riders*) que se aprovechen de ellos sin pagarlos.[253] De ahí la necesidad, de la que Smith era perfectamente consciente, de que se establezcan y mantengan a expensas públicas.

Pero, además de obras públicas como carreteras, puentes, puertos, etc., y de servicios públicos como la emisión de moneda o el correo, es bien llamativo que Smith también considerara dentro de esta categoría de bienes públicos a establecer y perseverar por el Estado un sistema de educación general y obligatoria. Para nuestro autor, la instrucción no sólo era una forma de evitar la ligereza y la superstición causantes de desórdenes públicos, sino que tenía también la finalidad de evitar una de-

---

[250] Cf. *WN*.II.ii.94, p. 324/293 y *WN*.V.i.g.14, p. 796/700.

Por esta razón, y por lo que sigue, resulta extravagante la tesis de que la defensa de Smith del libre mercado sería no sólo técnica sino también moral en el sentido de que, dada su concepción sobre el trabajo como propiedad más sagrada e inviolable (cf. *supra*, el texto correspondiente a la nota 167), las interferencias externas serían "virtualmente, asaltos en el alma del ser humano" (cf. Myers, 1983, pp. 118-119).

[251] *WN*.IV.ix.51, pp. 687-688/612-613

[252] *WN*.IV.ii.30, pp. 464-465/410.

[253] Sobre ello, cf., por ejemplo, Katz, 2009, pp. 24-25.

gradación que Smith consideraba como un efecto negativo de la especialización y simplificación de tareas producidas por la división del trabajo: la degradación de la

enorme ignorancia y estupidez que, en una sociedad civilizada, parece entumecer la inteligencia de todas las capas bajas del pueblo,[254]

Y en este mismo capítulo de los bienes públicos cabe mencionar también la posición de Smith ante las leyes de pobres, que ha sido considerada de aprobación implícita.[255] Así pues, la intervención del Estado venía propiciada en estos aspectos no sólo por razones de justicia, sino también de benevolencia o beneficencia.

Así, en la *TMS* Smith justifica cierto ámbito de imposición estatal de deberes de beneficencia por razones que parecen generalizar el criterio que él mismo seguiría luego en la *WN* para el caso concreto de la educación:

El magistrado público tiene confiado el poder no sólo de preservar la paz pública limitando la injusticia, sino de promover la prosperidad de la república, estableciendo buena disciplina y desalentando todo tipo de vicio e impropiedad; puede, por tanto, prescribir reglas que no sólo prohíben los mutuos agravios entre conciudadanos, sino mandar buenos oficios mutuos hasta un cierto grado.

No obstante, el siempre moderado Smith inmediatamente cualifica la anterior función pública añadiendo:

De todos los deberes de quien legisla, sin embargo, éste es, quizá, el que exige la mayor delicadeza y reserva para ejecutarlo con propiedad y juicio. Descuidarlo expone a la república a la vez a los más grandes desórdenes y a fuertes enormidades, y llevarlo demasiado lejos es destructivo de toda libertad, seguridad y justicia.[256]

En el marco anterior, resulta francamente distorsionadora la utilización de Smith como uno de los defensores del criterio de la maximización de la riqueza como criterio último o básico a propósito del papel del Estado en la economía y, por tanto, de la creación e interpretación del Derecho.[257] Smith no fue un dogmático paladín del Estado mínimo, hasta el punto de que parece que fue bien consciente de la conexión entre el aumento del desarrollo económico y el crecimiento de un cierto intervencionismo estatal:

---

[254] *WN*.V.i.f.61, p. 788/692.

[255] Cf. McNally, 1993, pp. 58-59; así como Rothschild y Sen, 2006, p. 364, que distinguen entre los principios de tales leyes, que es lo que Smith había aprobado, y su "opresiva aplicación".

[256] *TMS*.II.ii.1.8, p. 81/175.

[257] Tal es la tesis de Richard Posner, el más caracterizado representante del ala extrema del Análisis Económico del Derecho (cf. 1994a, pp. 167-169 y 171-174; así como Hierro, 1993).

Cuanto más evolucionada esté una sociedad y cuanto mayor extensión alcancen los distintos medios de sostenimiento de los habitantes, mayor será el número de sus leyes y de regulaciones necesarias para mantener la justicia y prevenir las infracciones del derecho de propiedad.[258]

Si Smith hubiera tenido que escribir hoy la *Riqueza de las naciones* –dicho sea en la limitada medida en que sirven este tipo de anacronismos–, tal vez no sea del todo descabellado sostener, como ha hecho Malloy, que estaría más cerca de un cierto, aunque limitado, intervencionismo socialdemócrata que de un *laissez faire* desbordado o sólo contenido por el criterio de la eficiencia económica.[259] Pero aunque convertir a Smith en un socialdemócrata *avant la lettre* sea exagerado, se debe reconocer que, como ha dicho uno de sus biógrafos y estudiosos,

> era un cuidadoso *defensor* del comercio libre, pero no era, como posteriores autores de la Escuela de Manchester, un *apóstol* del comercio libre.[260]

En parte, la ductilidad de la teoría de Smith, que acepta un papel del Estado en la economía más protagonista de lo que pretende una dogmática y estricta doctrina liberal, ha de atribuirse a su realismo político (o científico-político).[261] Pero, en

---

[258] *LJ(A)*.i.35, p. 16/49.

[259] Cf. Malloy, 1994b, pp. 129-132, 137 y 141; anteriormente, y en nuestro país, mantuvo un punto de vista similar Martín Rodríguez, 1980, pp. 157 y 159; en contraste, para una visión de la teoría smithiana como más cercana al liberalismo tradicional, véase Rodríguez Braun, 1994, pp. 18-20. En realidad, la disputa entre un Smith más liberal y un Smith más socialista se remonta hasta principios del siglo XIX, como señaló McNally, 1993, pp. 43-44 y 61; para una evaluación crítica de las tesis sobre Smith, tanto de la interpretación smithiana más neoliberal de Posner como de la más "socialdemócrata" de Malloy, véase Evensky, 1994b, que defiende una interpretación algo más matizada, con la que tiendo a concordar.

Malloy –que aleja más a Smith de la pura ortodoxia liberal que West y otros autores– distingue entre el punto de vista del ultraliberalismo, que representa en Posner y Epstein, y el de los "economistas liberales clásicos", como Hayek y Friedman, para asimilar el pensamiento de Smith al de estos últimos y, a la vez, para defender él mismo "la necesidad de unas fuerzas de contrapeso obligatorias por y entre los sectores privado y público de nuestra sociedad" (1994b, p. 130), o que no "toda la legislación del *New Deal* y el Estado de bienestar del siglo XX" es reprobable (p. 137). Con ello, en mi opinión, Malloy acerca más el liberalismo a la socialdemocracia de lo que lo hacen Hayek y Friedman, especialmente porque parece tener una concepción de la libertad individual que no la reduce a la ausencia de coacción hasta incluir en ella, al modo socialdemócrata, las condiciones para su efectivo disfrute.

[260] West, 1976, p. 22; cf. también las ajustadas observaciones de Martín Rodríguez, 1980, pp. 150-157.

[261] Según Andrew S. Skinner, "hay un crudo realismo en el análisis de Smith [...] que le condujo a considerar la completa libertad de comercio como un ideal improbable de alcanzar de hecho" y que cualifica la interpretación usual sobre su liberalismo extremo, de modo que su optimismo como economista habría venido corregido por su realismo como científico social (cf. Skinner, 1981, pp. 80-82).

Entre varios textos relevantes, uno de los más claramente expresivos del realismo smithiano se encuentra en el capítulo de la *Riqueza de las naciones* dedicado a la fisiocracia, donde tras exponer que

otra parte, la flexibilidad de Adam Smith ante cierto grado de intervención estatal proviene de que en su concepción era central, y moralmente decisiva,[262] la idea de justicia en un sentido amplio –incluida en ella la libertad individual–,[263] una idea que para él no se separaba de las exigencias de orden social y de seguridad individual.[264]

V. Para seguir leyendo a Adam Smith: ideas vigentes, ideas abiertas

según este sistema "[e]l establecimiento de la justicia perfecta, la libertad perfecta y la igualdad perfecta, es el muy sencillo secreto que más eficazmente asegura el más alto grado de prosperidad para cada una de las tres clases [propietarios de la tierra, labradores y clase improductiva (comerciantes, artesanos y fabricantes)]", comenta críticamente: "Si una nación no pudiera prosperar sin gozar de perfecta libertad y perfecta justicia, no habría nación en el mundo que pudiera haber nunca prosperado" (IV.ix.17, p. 669/597, y IV.ix.29, p. 674/601). Otro es el citado *supra*, en la nota 92, que remite a *TMS*.VI.ii.2.16, pp. 233-234/406-407 (y véase también *WN*.IV.ii.40-3, pp. 468-471/413-415 y *WN*.IV.v.b.53, pp. 542-543/483; cf., asimismo, Skinner, 1981, pp. 80 y 82).

[262] Una profunda confusión sobre esta cuestión de fondo inunda las argumentaciones de Posner sobre la relación entre el criterio de maximización y la moral, sobre lo que afirma expresamente: "Yo no derivo mis puntos de vista económicos *libertarians* de una filosofía moral fundacional tal como la filosofía de Kant, la filosofía de Locke de los derechos naturales, el utilitarismo o algo de ese tipo. Considero la filosofía moral un campo débil, un campo en desorden, un campo en el que es imposible conseguir el consenso en nuestra sociedad. No creo que suministre un fundamento prometedor para una filosofía del gobierno. Si ustedes quieren, pueden describir la maximización de la riqueza, el *libertarianism* o el *laissez faire* como filosofías morales. Mi observación es sólo que yo no pretendo derivar mis puntos de vista sobre el libre mercado de algo más fundamental, más rigurosamente filosófico. Y la consecuencia de esta falta de fundamentos es que yo no estoy dogmáticamente atado a ninguno de mis puntos de vista sobre el libre mercado. Yo pienso que el Estado mínimo definido por el análisis económico de los fallos del mercado es el Estado que mejor funciona en conseguir los objetivos comunes de la mayoría de la gente en el mundo" (1994a, p. 170; he optado por no traducir *libertarians* en atención a la tradición libertaria o anarquista europea).

Pues bien, no es alarde de un solo momento el que tal posición se complazca en detenerse y basarse en el burdo y reconocidamente endeble fundamento –da igual que se le llame filosófico o no– de que es bueno conseguir lo que Posner cree que son, genéricamente, los "objetivos comunes de la mayoría de la gente en el mundo", puesto que en la réplica a la respuesta de Malloy, Posner no sólo vuelve a sancionar la bondad de las que supone creencias (¿morales?) comunes, sino que deja clara su confusión entre juicios de valor y juicios de hecho: "Yo no estoy de acuerdo en que el modo de comenzar a pensar sobre la maternidad subrogada o el Departamento de Alojamiento y Desarrollo Urbano sea adoptar primero una posición moral. Creo que el modo de afrontar estas cuestiones es fácticamente; y puesto que hay, de hecho, un alto grado de consenso moral entre los americanos sobre muchas cuestiones, a menudo la apariencia de controversia moral se disipará con tan sólo encontrar los hechos" (1994b, p. 187); véase las críticas de Malloy, 1994c, p. 156, y 1994d, pp. 181-183.

[263] En relación con Smith, éste es el aspecto más destacado de la crítica a Posner por parte de Robin Paul Malloy (cf. 1994b, pp. 114ss; y 1994c, pp. 155-156).

[264] Entre los varios pasajes que se podrían citar de la obra de Smith, el siguiente es muy representativo: "El orden y el buen gobierno, y con ellos la libertad y la seguridad de los individuos, se estableció, de esta manera, en las ciudades" (*WN*.III.iii.12, p. 405/360); sobre ello, cf. Forbes, 1975, p. 184.

En el eterno e inevitable ajuste de cuentas que cada época realiza con los clásicos, hoy sigue vigente la bifurcación entre el Smith sólo o sobre todo economista, asociado generalmente al modelo económico-político neoliberal,[265] y el Smith filósofo de la moral y del Derecho, en el que se integra una visión más rica y flexible de las relaciones económicas y, más en general, de las relaciones sociales.[266] Esta segunda y más amplia visión, hoy seguramente predominante al menos entre los teóricos más especializados,[267] corrige la primera y tradicionalmente dominante visión del Smith mero economista y es la que aquí se ha tratado de poner de relieve. Como escribió hace unos años Robin Paul Malloy en la introducción a un volumen colectivo dedicado a Adam Smith,

> Las discusiones en filosofía del derecho raramente han incluido a una de las más importantes figuras de la Edad Moderna. Una figura que se hace cada vez más relevante por el reciente trabajo en la teoría jurídica crítica y en derecho y economía [...] Los participantes en este libro creen firmemente que la obra de Smith es inestimable si se busca un mejor conocimiento del nexo entre filosofía, economía y derecho [...] La obra de Smith encuentra su lugar entre las luchas intelectuales sobre los derechos naturales, el papel de los valores y la moral en el Derecho y la tensión entre estructuras individualistas, comunitaristas y altruistas en la conformación de la organización social.[268]

Como he intentado mostrar, la obra de Smith puede y debe verse como una concepción de carácter unitario y coherente. En buena parte se trata de una concepción filosófica, en especial porque es en el marco de la filosofía moral en el que se encuadra, como una de sus partes, la jurisprudencia o teoría jurídica smithiana, de la que la economía es, a su vez, una de sus partes. En otra parte, sin embargo, la anterior concepción de la filosofía es algo más amplia que la actual, pues trata de mantener casi siempre tan estrechos vínculos con la historia, las observaciones empíricas y ciertos problemas prácticos y concretos que hoy podría considerarse también una contribución general a las ciencias sociales.

En lo que sigue, sin apartarme del esquema básico de los capítulos anteriores, dedicados respectivamente al pensamiento ético, jurídico y económico de Smith, me

---

[265] Tal es la interpretación popular, del Smith como *media personality*, destacada en el "Preface" a la 1ª edición de 1993 de Shapiro, 2002, p. xxiv.

Por lo demás, Fitzgibbons ironizó cumplidamente sobre un libro dedicado al legado de Adam Smith por distintos premios Nobel de Economía (Fry, 1992) en el que ninguno de los autores va más allá de una pequeña parte de la *WN* ni hace "una sola referencia, ni siquiera de pasada, a la *TMS* o a los escritos de Smith sobre política o método científico" (Fittgibbons, 1995, p. 171; cf. también 170-172).

[266] Sobre los orígenes doctrinales de la escisión entre el Smith economista y el Smith filósofo moral, cf. la exposición y crítica de Rodríguez Paniagua, 1984, pp. 224-226, que además constituye una esmerada interpretación, sobre todo en su conexión con Hutcheson y Hume, de la filosofía moral de Smith.

[267] Cf., en tal sentido, Brown, 1994, p. 1.

[268] Malloy, 1994a, p. 1.

propongo concluir destacando las ideas más vivas en cada uno de esos tres ámbitos, bien porque destaquen aspectos que siguen vigentes en las discusiones actuales, bien porque, con independencia de su vigencia, tienen todavía la capacidad de señalar caminos abiertos y tal vez insuficientemente explorados. Destacaré dos puntos en cada uno de los tres ámbitos indicados. Respecto de su filosofía moral, me referiré al interés del anclaje smithiano de la ética en los sentimientos, que pertenece al núcleo de lo que hoy denominaríamos su metaética, y a la relación entre la virtud de la benevolencia y la de la justicia como antecedente de la actual distinción liberal entre concepciones del bien y exigencias de corrección. En lo que se refiere a su teoría jurídica, destacaré el interés, por un lado, del enfoque plural de Smith de la jurisprudencia como estudio general sobre el Derecho y, por otro lado, de su entendimiento del Derecho y de la interpretación jurídica como marco para la realización de la justicia y el bienestar humano y no como un mero instrumento sometido al fin de conseguir el aumento de la riqueza. En fin, en cuanto a la visión económica de Smith, me limitaré primero a algunas observaciones generales sobre la relación entre ética, política y economía, para indicar después algunos aspectos concretos pero relevantes en los que la contribución smithiana al pensamiento económico ha resultado revitalizada y merece ser ampliada.

1. Temas éticos para la discusión actual

Entre las muchas sugerencias que la obra de Smith aporta para los debates éticos actuales me parece de interés destacar dos. Por una parte, la relación entre razón y pasión o, como hoy lo diríamos, entre emociones y racionalidad, lo que permite analizar la propuesta de Adam Smith como una alternativa válida frente a dos intentos de reducir la ética a racionalidad, la instrumental o prudencial y la formal o lógica. Por otra parte, en la filosofía moral smithiana existen también rasgos que avanzan la actual distinción liberal entre lo bueno y lo correcto, sobre la que todavía vale la pena seguir debatiendo.

1.1. Emociones, racionalidad y razonabilidad

Los dos intentos más importantes de reducir la ética a racionalidad, es decir, a un tipo de razón o, mejor, de razonamiento presentado como vía necesaria susceptible de fundar la ética de forma objetiva y universal, son el hobbesiano y el kantiano, apelando el primero a una forma de razón prudencial (que es una forma de razón instrumental) y el otro a la llamada razón transcendental (que es de carácter formal o lógico). Aun por distintas razones, ambos pueden considerarse insuficientes, mientras que la aportación de Smith sugiere una posible línea, ciertamente no excluyente de otras, que a mi modo de ver puede permitir completar algunas de las carencias de aquellos dos intentos.

El primer tipo de aproximación presupone, por un lado, el concepto de racionalidad instrumental, que considera irracional querer un fin pero no querer el medio apropiado para conseguirlo y, por otro lado, que la persecución por cada cual de su interés individual globalmente considerado garantiza la justificación moral, esto es, la adopción fundada de criterios imparciales y universales. Dicho en trazos muy gruesos, conforme a la teoría de la elección racional, la racionalidad instrumental se define sencillamente por la adecuación entre medios y fines. Y supuesto como fin, el autointerés individual globalmente considerado, que es lo que caracteriza el razonamiento prudencial, se sostiene que tal forma de racionalidad puede bastar para conducir a un acuerdo colectivo suficiente para justificar criterios morales universalmente aceptables

Detrás de tal intento de justificación, alienta como gran antecedente la construcción racionalista de Hobbes, para quien es sólo el interés de cada individuo en garantizar su vida y su seguridad lo que justifica racional y moralmente el contrato social y la consiguiente imposición de deberes coactivamente respaldados por el poder político. En la filosofía contemporánea este modelo ha sido reelaborado muy refinadamente por David Gauthier, para quien la racionalidad económica, entendida como maximización de la utilidad individual, aparece como suficiente justificación de un acuerdo que fundamenta la disposición de todo individuo a adoptar criterios morales universales e imparciales dominantes sobre el mero autointerés a corto plazo.[269]

La crítica más directa frente a este tipo de estrategia justificatoria de la moral es, por así decirlo, interna: dadas ciertas circunstancias relativamente comunes e inevitables en la interacción social, la búsqueda del propio interés por distintos individuos tiende a dar lugar a situaciones de dilema del prisionero, en las que, en sus propios términos, la solución conjunta o colectiva alcanzable mediante la búsqueda racional del interés individual es para cada individuo y para el conjunto menos beneficiosa y, por tanto, menos racional que la que se podría haber alcanzado mediante un comportamiento altruista y cooperativo por parte de todos. Este problema, por lo demás, es relevante no sólo a la hora de adoptar el acuerdo que justificaría los criterios morales imparciales, puesto que la solución de establecer un mecanismo de cooperación no es la más racional desde el punto de vista del interés de cada parte, sino también, supuesto que la solución cooperativa ya exista, a la hora de aplicarla de modo que cada cual se someta a los criterios acordados.[270]

Ante tal fracaso de la racionalidad prudencial como vía de acceso a la moral, queda rehabilitada una crítica más externa, que sostiene que la prudencia no es el último

---

[269] Véase Gauthier, 1986.

[270] La literatura sobre el tema es inagotable, por lo que me limitaré a citar un texto mío como presentación del dilema del prisionero y de las dificultades del modelo hobbesiano (véase Ruiz Miguel, 2009, pp. 220-226) y la crítica más sistemática y penetrante que conozco al modelo de Gauthier, que es la de Bayón, 1991, §5.1-5.2.

y decisivo criterio definitorio de la moral. La búsqueda del propio interés, incluso globalmente considerado, que es sin duda aceptable como parte necesaria del criterio moral de la autonomía individual, resulta dominada y limitada por aquellos criterios o razones que consideramos como superiores y trascendentes a ese interés, suministrados precisamente por lo que denominamos moral. En su sentido más amplio, y como bien lo vio Adam Smith, la moral establece así dos tipos diferentes de criterios por encima del propio interés: por un lado, las pautas que desde un punto de vista imparcial y universal debemos considerar exigibles, tanto para nosotros como para los demás, por el respeto debido que nos debemos, que conforman la esfera de lo justo o correcto como parte obligatoria de la moral; y por otro, las pautas que en desarrollo de uno u otro ideal moral utilizamos para valorar de manera especialmente positiva la conducta propia y ajena y que tal vez nos imponemos sólo a nosotros mismos como pauta propia, que son las que conforman el ámbito de lo bueno o virtuoso.

Por su parte, la caracterización kantiana de los contenidos de la moral es en buena medida convergente con la anterior, salvo en que Kant se mantiene dentro del marco de una concepción mucho más netamente legalista o imperativista que la de Smith, especialmente en lo que rebasa la esfera de la justicia. En efecto, la distinción kantiana entre la esfera de la justicia –relativa a las relaciones interpersonales, coactivamente imponible mediante el Derecho– y la esfera de la virtud –relativa a los deberes de cultivo moral de uno mismo–, ambas comandadas por el imperativo categórico, resulta ser mucho más legalista que la de Smith. Pero no voy a desarrollar esa diferencia, que no es tan profunda y decisiva como la relativa a la fundamentación kantiana de la moral en la racionalidad trascendental, que está aquejada de un problema para el que la concepción smithiana puede indicar vías alternativas de solución.

El recurso a la racionalidad trascendental puede resumirse sencillamente en la idea de que el propio concepto de moral exige que el criterio moral adoptado sea universalmente aceptable: dado tal presupuesto, que es trascendental en el sentido de que debemos presuponerlo necesariamente cuando hablamos en términos morales, es contradictorio considerar moral cualquier criterio que no sea universalizable. En la interpretación más racionalista al menos, tal es el significado del imperativo categórico kantiano como fórmula que filtra los criterios o máximas, que se pueden aceptar moralmente si pasan el test de poder ser pensados sin contradicción como universalmente puestos en práctica. La racionalidad a la que apela tal interpretación es la racionalidad lógica, que únicamente exige respetar el principio de no contradicción.[271]

---

[271] Aunque Kant distingue entre máximas en las que se contradice el pensamiento (que no pueden ser pensadas sin contradicción) y máximas en las que se contradice la voluntad (que no pueden ser queridas son contradicción), de modo que las primeras incluyen las segundas pero no a la inversa (cf. Kant, 1785, p. 424-425), creo que todas ellas pueden considerarse contradicciones lógicas en cuanto que se producen en la propia afirmación o proposición de la máxima universalizada. A diferencia de ellas, la noción de contradicción pragmática, en la que han insistido Karl Otto Apel o Jürgen Habermas como fundamentación de

En el ejemplo más conocido y eficaz del propio Kant, la promesa de pagar un présta-mo hecha sin intención de cumplirla no es una conducta que se pueda elevar a máxi-ma universal porque ello volvería imposible la propia institución de la promesa.[272]

Sin embargo, el problema de tal fundamentación kantiana es, como dijo Hegel, su "vacío formalismo" y, en efecto, considerado como prueba estrictamente lógico-for-mal, el imperativo categórico puede filtrar tanto por exceso como por defecto. Que filtra por exceso, condenando acciones razonablemente permisibles, lo muestran al-gunos ejemplos del propio Kant, como la prohibición absoluta de la mentira por fi-lantropía o del suicidio (cuya discutible forma de argumentación, por cierto, podría aplicarse también a la prohibición absoluta del celibato no procreativo).[273] Pero más grave resulta que no filtre criterios inmorales, siendo pensables numerosas máximas que introducen cualificaciones interesadas o irrazonables pero cuya universalización no incurre en contradicción, de la esclavitud de los menos inteligentes a la tortura como medio de prueba o de la sujeción de las mujeres a la pena de muerte (estas dos últimas prácticas, por cierto, moralmente correctas para Kant).

Pues bien, una aproximación externa a la moral que, como la de Adam Smith, re-alza el alcance y el valor moral inicial de ciertos sentimientos puede ser un buen re-medio frente a la ilusión racionalista de la fundamentación kantiana, al menos en su interpretación más formalista.[274] Al fin y al cabo, los seres humanos y los replican-tes de *Blade Runner* no se diferenciarían en que estos últimos no pudieran aplicar el imperativo categórico, sino en que lo harían a partir de su genética carencia de

---

la moral en una pretensión de objetividad, no se produce propiamente entre afirmaciones o proposiciones sino entre lo que se afirma y lo que se hace por el hecho de afirmarlo (esto es, las presuposiciones prác-ticas o pragmáticas de la afirmación), como cuando se dice "Estoy dormido" o "Sir, it is not *you* who is not speaking to me! It is *me* who is not speaking to you!"

[272] Por recordar el claro texto de Kant, la máxima "cuando crea estar apurado de dinero, tomaré dinero en préstamo y prometeré pagarlo, aunque sé que esto no sucederá nunca", una vez pensada como ley uni-versal, "tiene que contradecirse necesariamente. Pues la universalidad de una ley que diga que cada uno, tan pronto como crea estar necesitado, puede prometer lo que se le ocurra con la intención de no cum-plirlo, haría imposible la promesa y el fin mismo que con ella se pudiera tener, ya que nadie creería que le ha sido prometido algo, sino que se reiría de toda manifestación semejante como de una simulación inútil" (1785, pp. 423/20-35).

[273] El especioso argumento de Kant frente al suicidio en la *Fundamentación de la metafísica de las costumbre* es que la máxima de acortarme la vida cuando me produzca más sufrimiento que placer contra-dice el principio del amor propio en el que pretende fundamentarse, puesto que, dice, la naturaleza se des-truiría a sí misma si admitiera la contradicción de aceptar el destruir la vida mediante el mismo impulso (el amor propio, precisamente) que sirve para fomentarla (cf. 1789, p. 422/10). Con una argumentación análo-ga –que, desde luego, Kant no utilizó ni se le ocurrió aplicar a su propia vida– podría decirse que la con-ducta de mantenerme célibe y abstenerme de procrear por mero autointerés produciría una contradicción similar si se convirtiera en máxima universal.

[274] Sobre el papel indirecto o derivado de los sentimientos en la filosofía moral kantiana, remito a Rive-ra, 2003, esp. pp. 115ss, que por lo demás es un riguroso estudio sobre cómo la filosofía moral kantiana no se puede reducir a una teoría de la justicia.

sentimientos, sin duda con resultados sorprendentes.[275] Ciertamente, como Smith lo aceptó, los sentimientos humanos no son por completo invariables culturalmente y han de reconocerse tan susceptibles de educación como de perversión.[276] Por lo demás, es el reconocimiento de la importancia de la educación de nuestros sentimientos lo que permite esperar que la variabilidad cultural comporte la posibilidad de mejora de los criterios morales. En todo caso, no parece que haya más remedio que partir de los sentimientos como uno de los elementos constitutivos de nuestros criterios morales, sin perjuicio de que también deban acompañarse de creencias lo más razonables y respetuosas con los hechos que sea posible y, en fin, considerarse mediados y controlados por el tamiz racionalmente objetivador de la imparcialidad. Un tamiz éste del que no cabe esperar una racionalidad estricta, esa racionalidad capaz de aportarnos pruebas lógicas sobre la irrefutable validez de nuestros criterios morales, sino sólo argumentos razonables, esto es, razones susceptibles de ser aceptadas por su mayor peso entre personas que compartan un sustrato básico común: algo que, mejor que racionalidad, suele denominarse razonabilidad.

1.2. Lo bueno y lo correcto como distinción liberal

La teoría moral de Smith es una clara manifestación de la importancia que en el pensamiento liberal tiene la distinción entre la justicia, como esfera del respeto a los derechos ajenos que está justificado imponer coactivamente a través del aparato político-jurídico, y otras virtudes que tienden a promover positiva y activamente el bien, sea propio o ajeno, en principio dejadas a la libertad de acción de los individuos.[277] Ciertamente, Smith no fue el primero en dar relevancia coactiva a la idea de justicia, una idea que puede encontrarse incluso en la recomendación de Tomás de Aquino de que las leyes humanas sólo deben prohibir los vicios más graves, como los que

> ...hacen daño a los demás, sin cuya prohibición la sociedad humana no podría subsistir, tales como el homicidio, el robo y cosas semejantes (*Summ. Th.*, Iª-IIᵃᵉ,96,2).

Tampoco Smith extrajo de su distinción consecuencias de autores como Rawls, Habermas o Dworkin, que han propuesto diferenciar con rigor y cierta severidad entre la esfera de lo bueno y la de lo justo con objeto de excluir del ámbito público la primera.

En el pensamiento liberal actual, la idea básica es que se debe excluir del ámbito público-político, esto es, el susceptible de imposición coactiva, la influencia y aun la

---

[275] Dicho sea como mera curiosidad, Shapiro (cf. 2003, pp. 90ss) ha relacionado extensamente la teoría moral de Smith con la novela de Philip Dick en que se basa la película de Ridley Scott, si bien con claves de interpretación posmoderna ajenas a mi argumentación.

[276] Cf. sobre ello, *supra*, notas 75 y 90, así como el texto respectivamente correspondiente.

[277] Véase sobre ello, *supra*, el texto correspondiente a las notas 123 y 124.

misma contienda entre concepciones morales relativas a la vida moral buena o ideal, incluyendo las visiones religiosas y filosóficas globales (o comprehensivas en la terminología de Rawls), que dan sentido a la existencia de cada persona pero que son potencialmente incompatibles entre sí y, por tanto, peligrosas en el ámbito público tanto para la paz social como por su tendencia a invadir la esfera de la justicia, que establece el mínimo común denominador necesario y suficiente para garantizar una libre y pacífica convivencia civil entre personas con diversas concepciones del bien y del mundo. En esta caracterización resulta claro que, en contraste con la pluralidad de concepciones del bien, sólo la idea de justicia puede pretender acoger el conjunto de criterios universalizables en el sentido de que deban ser aceptados razonablemente por todos como obligatorios, hasta el punto de poder ser impuestos, de ser necesario, mediante la fuerza coactiva propia del aparato jurídico.

Así, el liberalismo en el sentido más amplio de la palabra sigue caracterizándose hoy por la misma distinción entre esfera de la justicia, propia de la coactividad estatal, y esfera del ejercicio de las virtudes, en la que la imposición jurídica tiende a quedar excluida como inaceptable perfeccionismo. No obstante, las distintas formas de liberalismo se dividen considerablemente en la forma de demarcar las dos esferas. En los dos extremos del espectro de lo que denominamos liberalismo, siempre con el trasfondo común y compartido de los derechos civiles básicos (y, aunque en menor medida, de los derechos políticos), podría colocarse a Adam Smith en una posición a medio camino entre el liberalismo tradicional o económico, hoy habitualmente denominado "neoliberalismo", y el liberalismo en el sentido anglosajón de la palabra, que es una forma de liberalismo social cercano o convergente con la tradición socialdemócrata europea.

El liberalismo tradicional, en la actualidad asociado a teóricos como Hayek o Nozick, entiende los derechos como ejercicio de libertades negativas, dando especial relevancia dentro de ellas a los derechos de propiedad privada y de libre contratación con independencia de las diferencias de poder social efectivo entre los individuos. Sin duda que la concepción de Adam Smith contiene elementos esenciales de este liberalismo, en especial su visión de la justicia como virtud negativa, que se satisface esencialmente con la abstención de afectar a los derechos ajenos. Sin embargo, en el pensamiento smithiano pueden encontrarse rasgos de una concepción no doctrinaria de los derechos, y en especial del derecho de propiedad, que abren un cierto cauce hacia posiciones como las de Rawls o Dworkin, cuya noción de justicia incluye mecanismos para una redistribución de la riqueza que tiende a garantizar una cierta igualdad en el disfrute de las libertades básicas. Aunque Smith no lo asumiera por estrictas razones de justicia o derechos, su concepción de la beneficencia pública y de la acción estatal en aras del interés común le sitúan más cerca del liberalismo social que del doctrinarismo del liberalismo económico.

2. Encrucijadas de los estudios jurídicos

Lo que podemos denominar la filosofía jurídico-política de Adam Smith se asienta en la idea de la justificación de un gobierno civil justo para la garantía de los derechos que confieren seguridad, libertad y propiedad a los individuos. Dentro de una tendencia mucho más aristocrática que democrática, la estructura institucional que Smith defiende para tal gobierno civil recoge tanto la tradición republicana del gobierno mixto, que propone una combinación de elementos monárquicos, aristocráticos y, en menor medida, democráticos, como la importancia de la división de poderes. La preocupación esencial del diseño institucional smithiano es asegurar el imperio de la ley, el *rule of law*, como fundamento recíproco de la moderación del poder político y de la defensa de los derechos individuales. A partir de ese marco general, en lo que sigue se destacan dos rasgos de la filosofía o teoría jurídica de Smith que todavía hoy nos plantean preguntas sobre el sentido de nuestros estudios jurídicos y nos sugieren caminos abiertos. Me detendré primero en la cuestión de la naturaleza descriptiva o normativa de la teoría jurídica y abordaré después algunas indicaciones que en la obra de Smith pueden encontrarse sobre la tarea de la interpretación del Derecho.

2.1. Una teoría del Derecho descriptiva y normativa

A mi modo de ver, lo más rescatable de los estudios de Adam Smith sobre jurisprudencia es su método, es decir, su modo de aproximarse al análisis del Derecho y de entender a éste como un fenómeno complejo y, como tal, sometido a múltiples influencias. Para captar ese método no debe perderse de vista que Smith se acercó al Derecho no como jurista ni como economista, sino como filósofo moral y de la historia. A Smith no le preocupó particularmente el análisis abstracto de los distintos conceptos jurídicos, sino las grandes líneas de su evolución histórica como elementos de una compleja estructura en la que los factores políticos, económicos y culturales sirven de condimentos variables de una vianda de naturaleza esencialmente moral. La jurisprudencia de Adam Smith trata, sobre todo, de integrar el Derecho entre la ética, como centro iluminador de sus distintas variaciones históricas, y la economía, como marco básico en el que operan, directa o indirectamente, las relaciones jurídicas, y no sólo las de Derecho privado. Aun no del todo postergadas, quedan en un segundo plano la política, como sede de la tarea creadora pero limitada del legislador, y la cultura, que por medio de las costumbres es el caldo de cultivo del, para Smith, importante sector de las reglas jurídicas no creadas deliberadamente. En una sucinta síntesis, se ha dicho que la suya es "una teoría empirista del Derecho",[278] pero habría que añadir que al servicio de una concepción de la justicia.

---

[278] Méndez, 2007 p. 105.

Del enfoque anterior resulta un método que combina muy distintas perspectivas y conocimientos en una visión nada formalista, útilmente enriquecedora del análisis de las distintas instituciones jurídicas y, en último término, integradora en una atractiva –aunque no necesariamente cautivadora ni, por tanto, indiscutible– concepción global del Derecho. La jurisprudencia de Adam Smith no es ni pretende ser un estudio jurídico en sentido estricto, esto es, de análisis más o menos exegético al modo tradicional de los juristas, que examinan en todos sus pormenores cada institución con objeto de encontrar su mejor interpretación en el conjunto del sistema. El análisis de Smith, sin dejar de estar apegado a la historia y a la descripción de concretas instituciones jurídicas, se encuentra en un nivel más alto de abstracción, pudiendo calificarse de teoría general del Derecho si se advierte que tal expresión no se limita, al modo consagrado desde Austin y Kelsen, a la descripción de las estructuras formales que, en cuanto tales, son comunes a todo ordenamiento jurídico, sino que abarca sobre todo un estudio de los contenidos, funciones y fines básicos de las principales instituciones jurídicas.[279]

Pero la aproximación al Derecho de Smith nunca suele ser exclusivamente descriptiva, sino que aquí y allá le acompañan comentarios críticos característicamente ilustrados y en todo caso siempre le subyace un propósito político-moral. En realidad, toda la obra de Smith se caracteriza por una actitud que a la vez que pretende dar una explicación histórica y hasta sociológica de unas u otras instituciones, parece estar al servicio de una actitud esencialmente crítica y reformadora, de nuevo típicamente ilustrada, en la que el protagonista fundamental debe ser el legislador. Lo que Smith pretendió, sobre todo, y no sólo en sus cursos jurídicos sino también y sobre todo en su gran obra económica, fue proporcionar "la ciencia del estadista o legislador",[280] pero en el sobreentendido de que un legislador no debe confundirse con un legiferador.

2.2. Un modelo para la interpretación jurídica

---

[279] Entre la jurisprudencia de Smith –que no deja de recoger, en parte, tanto el esquema como los contenidos de tratados de Derecho natural como el de Pufendorf– y la propuesta por John Austin, no deja de haber alguna continuidad. Cierto que en Smith, como se explica a continuación en el texto, aparecen muy entrelazados los dos aspectos que Austin, siguiendo a Bentham, consideró esencial distinguir en el estudio del Derecho: la "jurisprudencia" y la "ciencia de la legislación", como distinción entre análisis descriptivo y propuesta normativa. Pero, con esa salvedad, la propuesta de lo que Austin llama "Jurisprudencia general o comparada, o bien filosofía –o principios generales– del Derecho positivo", sólo estiliza o formaliza la misma pretensión de Smith: dentro de los "principios, nociones y distinciones comunes a varios sistemas", Austin propone estudiar los "comunes a los sistemas más amplios y perfectos de las comunidades civilizadas" (cf. Austin, 1834, p. 350-2, trad. cast., pp. 24-27).

[280] *WN*.IV.Intr.1, p. 428/377; cf. también Haakonssen 1981 (trabajo cuyo título es *The Science of a Legislator. The Natural Jurisprudence of David Hume and Adam Smith*), Méndez, 2004, pp. 376ss y Méndez, 2007, p. 45.

En tajante oposición a la anterior interpretación, defendiendo que el legislador y su ciencia son objeto de la crítica de Smith en la *WN*, véase Brown, 1994, pp. 120-140.

Aunque la comparación es hipotética –y vale lo que valen este tipo de ejercicios–, puede ser ilustrativo preguntar si, de haber cultivado el estudio del Derecho privado como jurista, Adam Smith se habría aproximado a ese método de interpretación denominado "Análisis Económico del Derecho". La respuesta ha de ser decididamente negativa. Si por Análisis Económico del Derecho se entiende una posición distintiva que propone el criterio de eficiencia económica, esto es, la maximización de la riqueza, como referente único o último tanto para el diseño o creación como para la interpretación judicial del Derecho,[281] entonces es claro que un método tan reductivo, especialmente en términos morales o de justicia, no fue ni habría sido propiciado por Smith.[282] Como ya indiqué, Emma Rothschild y Amartya Sen han desacreditado la interpretación de Smith en términos de una estricta racionalidad, de mero cálculo en función de la maximización de la utilidad o de la riqueza.[283] Asimismo, la integración smithiana del Derecho en un marco moral más amplio, que también intenta dar cuenta de la economía y, además, pretende conectarlo con las variables condiciones históricas, apunta hacia un método de análisis que se aleja sensiblemente del Análisis Económico del Derecho.

El método seguido y apuntado por Smith, sin desdeñar el interés de los análisis formales sobre las estructuras jurídicas básicas, continúa abierto como camino –eso es "método" etimológicamente, como se sabe– para los estudios jurídicos. E ilumina ese camino, desde luego, para los estudios de filosofía jurídica, especialmente en lo que se refiere a la teoría del Derecho, donde se ha vuelto a recuperar el interés por las estrechas relaciones –a veces, a decir verdad, llevadas hasta la identificación, por no decir confusión– entre Derecho, moral, política y economía.

Sobre si también aquel método puede ser iluminador para los estudios jurídicos de las disciplinas concretas, el tipo de análisis interpretativo propio de la dogmática jurídica sólo es y puede ser sensato y socialmente valioso cuando tiene bien en cuenta las estrechas conexiones que las distintas normas jurídicas mantienen con la realidad que pretenden regular. Por ello, nunca será superflua la mayor familiaridad posible de la dogmática jurídica con las distintas ciencias sociales –no siempre las mismas en las distintas ramas, naturalmente–, así como, en general, con la socio-

---

[281] Me refiero sobre todo a lo que se ha denominado versión fuerte o radical de la teoría del Análisis Económico del Derecho, atribuida a Posner, frente a la versión moderada representada por Calabresi, en la medida en que la primera considera que el criterio de eficiencia económica es suficiente para la creación e interpretación jurídica, mientras que la segunda acepta que tal criterio puede ser superado en ocasiones por consideraciones de justicia (sobre tal distinción y su alcance, cf. Hierro, 1994, *passim*, así como Bayón, 1994, pp. 971-974).

[282] Cf., en igual sentido, MacCormick, 1981, pp. 124-125, así como Evensky, 1994b, p. 5, que concluye así su argumentación: "La preocupación de Smith no fue que el juez Posner sea libre para jugar a maximizador de la riqueza, sino más bien que sea libre para asegurar que prevalezca la justicia. Los jueces han de preocuparse por la justicia, y dejar que sea la mano invisible la que se cuide de la economía."

[283] Cf. *supra*, nota 98 y el texto correspondiente; cf. también, *supra*, notas 262-264 y el texto correspondiente.

logía, la historia y la filosofía jurídica y moral. Con independencia de la combinación entre esos distintos elementos, ésa sigue siendo una de las más valiosas enseñanzas que sobreviven de la obra de Adam Smith.

3. La teoría económica de Smith, entre ética y política

Entre los buenos conocedores de Adam Smith, su obra económica no es una teoría independiente de su filosofía moral, con la insistencia en una variedad de virtudes que no se reducen a la prudencia, ni de su concepción política, que es una meditada reflexión sobre las funciones que deben cumplir el Derecho y el Estado. Los dos objetivos de este último apartado de conclusión son, por una parte, volver a insistir en algunas de las estrechas conexiones que tanto para Smith como para nosotros tiene y debe tener la economía con la ética y la política y, por otra parte, dejar enunciados algunos de los problemas y vías todavía abiertos en el entrecruzamiento de esa compleja relación.

3.1. Economía, ética y política

Sintetizando el esquema básico de Adam Smith, la economía es esencialmente un desarrollo de su reflexión sobre las virtudes morales. De las tres virtudes más destacadas por nuestro autor –benevolencia, justicia y prudencia–, el comportamiento económico, cuyo objetivo básico es aumentar la riqueza y el bienestar de los individuos, corresponde ante todo al ejercicio de la prudencia. Pero la prudencia no tiene el monopolio de la economía política. Para Smith, por un lado, la garantía estatal de la justicia es una condición esencial del buen funcionamiento de las instituciones económicas y por tanto de la posibilidad de la propia prudencia; y por otro lado, aunque en menor medida, también la benevolencia o beneficencia, de nuevo bajo la responsabilidad última del Estado, tiene un papel en la creación de ciertos bienes públicos, entre los que figura un sistema de educación general obligatoria.

Esa triple fundamentación de la economía política en la filosofía moral pone de manifiesto cómo Smith era consciente de algo que en la actualidad no siempre se tiene presente: que la economía no es una esfera completamente autónoma, sometida a leyes distintas y soberanas, sino una actividad que exige una organización jurídica, política y social, y que no puede dejar de tomar en serio algunos criterios morales, tanto públicos como privados. En particular, la insistencia smithiana en la justicia, esto es, en el respeto a los derechos como condición necesaria para el buen funcionamiento del libre mercado. En esta afirmación hay al menos dos ideas importantes: una sobre la conexión que la economía tiene con la moral y otra sobre la relación entre instituciones económicas y jurídicas.

Por un lado, hoy está suficientemente claro que si el mercado se gobernara sólo por el autointerés, se produciría un general dilema del prisionero a la hora de cumplir los contratos, de modo que el sistema económico no podría funcionar. Si los agentes económicos, pero también los funcionarios y jueces llamados a intervenir en caso de violaciones de las reglas, no estuvieran motivados en último término por razones morales (en el sentido amplio de hábitos integrados en su modo de vida, pero siempre controlando las razones meramente autointeresadas), los productos terminarían siendo de inferior calidad, las bajas laborales fraudulentas mucho más comunes, los engaños en la publicidad y las ventas generalizados, los impagos la regla, el juego sucio entre competidores el comportamiento necesario, la evasión de impuestos la pauta común, etc. Es una paradoja insoslayable que el *homo oeconomicus*, supuesto sobre el que se funda la ciencia económica como sujeto racional que sólo busca su interés, terminaría arruinándose a sí mismo y causando la ruina de todos si no actuara también como un agente moral. Precisamente, la lectura de Adam Smith permite observar y tener en cuenta un marco amplio en el que este último factor puede ser claramente reconocido.

Por otro lado, la estrecha relación que Smith estableció entre economía y Derecho sigue recordándonos que "las leyes e instituciones jurídicas son una parte inherente de la economía de una sociedad".[284] Naturalmente, cuál deba ser el contenido de una adecuada regulación jurídica de la economía es fuente de agudas discusiones entre científicos sociales. Una base de acuerdo general y compartido está en la importancia del *rule of law*, insistentemente destacada por Adam Smith, que reclama la organización de un eficaz sistema de justicia con leyes estables y protectoras de los derechos básicos. A partir de ese punto, economistas y científicos sociales debaten sobre las formas y los límites dirigidos a combatir los fallos del mercado (monopolios y oligopolios, información asimétrica, externalidades y carencia de ciertos bienes públicos), como sobre la necesidad de crear o mantener unas condiciones de igualdad básica no sólo para una mínima libertad y dignidad individuales, sino incluso por razones de conveniencia para una mayor eficiencia del propio mercado.[285]

3.2. Vías abiertas y problemas pendientes

---

[284] Cf. MacCormick, 1981, p. 115; en esta línea de relacionar los estudios jurídicos con la economía, cabe señalar el nuevo enfoque iniciado por los estudios sobre regulación, de los que una buena muestra en nuestro idioma puede verse en Larrañaga, 2009.

[285] La literatura sobre los puntos anteriores es, naturalmente, ingente: una buena introducción es la de Schotter, 1985, pero me permito remitir también a Ruiz Miguel, 1993. Desde una perspectiva más crítica con el intervencionismo estatal, pero con más puntos en común de lo que pudo dar la impresión en el enriquecedor debate que tuvimos en el Seminario del ITAM, véase Katz, 2009, esp. pp. 11-31.

En realidad, las dos "apropiaciones" e interpretaciones básicas y rivales que la obra de Adam Smith ha recibido, corresponden a los dos paradigmas todavía hoy rivales en la teoría económica contemporánea: el neoclásico, representado por la escuela de Chicago y por la teoría de la *public choice*, y el neokeynesiano. La discusión más interesante y decisiva no es, por supuesto, cuál de las distintas apropiaciones e interpretaciones de Smith es más ajustada, ante lo que aquí puede bastar con volver a denegar la pertinencia del intento de monopolización neoliberal,[286] sino cuál de las dos perspectivas es más apropiada para interpretar la realidad y a la vez, de manera difícilmente separable, para modelarla adecuadamente. Adelanto que asumo como éticamente preferible una concepción socialdemócrata.

Desde esa concepción, no me resisto a añadir que el liberalismo económico más extremo tiene una concepción de la propiedad privada y de los impuestos que resulta sustancialmente ajena a la visión de Smith. Para una línea de autores liberales que va de Herbert Spencer a Robert Nozick, todo impuesto exige una justificación especialmente fuerte por ser un límite a la libertad, y es un límite a la libertad tanto porque se obtiene mediante la coacción estatal como porque detrae recursos que de otro modo quedarían disponibles para la libre acción de su propietario. Sería anacrónico pretender que Smith se opuso expresamente a estas dos afirmaciones, pero ninguna de las dos principales réplicas posibles frente a ellas desencaja en su esquema de pensamiento. De un lado, Smith habría podido suscribir el argumento general de que la función del Estado en el mantenimiento del orden público y del bienestar general puede exigir algunos mecanismos de justicia redistributiva, a los que los propietarios tienen obligación de contribuir incluso en compensación por el sostenimiento del propio sistema de propiedad privada. Además, junto a su negativa a ver la propiedad como un derecho natural, podría no haber desaprobado la retorsión que el argumento neoliberal reclama de que si la propiedad de bienes es un recurso necesario para la libre acción de los individuos, la libertad mínima o básica que todo el mundo merece, exige también cierta redistribución de recursos para garantizarla (sobre la forma de hacerlo, sin duda hay distintas posibilidades, de las que Smith aceptó de hecho al

---

[286] Aparte de lo desarrollado *supra,* en los apartados IV.6 y V.2.a, Haakonssen y Winch han destacado, entre otros aspectos, la significativa frustración del economista de la escuela de Chicago, George J. Stigler, por el hecho de que Adam Smith no hubiera sido fiel al modelo de maximización del autointerés, la sólo limitadamente aceptable apropiación de Smith por parte de Hayek y la discutible minusvaloración por la teoría neoclásica de la división del trabajo, nacional e internacional, como base del crecimiento (cf. Haakonssen y Winch, 2006, pp. 373-377, así como Stigler, 1976, p. 241). En este último aspecto, Amar-tya Sen, a quien no puede caracterizarse, desde luego, como neoliberal pero tampoco, creo, como estricto neokeyseniano, ha destacado que las lecciones de Smith sobre la libertad de comercio como generadora de prosperidad económica a través de la especialización y la división del trabajo, "siguen siendo profundamente relevantes todavía hoy", citando cómo el neokeynesiano Paul Krugman recibió el premio Nobel por un "trabajo analítico, impresionante y altamente refinado, sobre el comercio internacional [...] estrechamente ligado a los perspicaces enfoques de Smith, que tienen más de 230 años" (Sen, 2009b, p. 27).

menos, además de un sistema de educación general, la abolición de la esclavitud y la supresión de los mayorazgos).[287]

Por lo demás, siempre desde una concepción socialdemócrata, merece seguirse el enfoque de Amartya Sen, que propugna una interpretación de Adam Smith como defensor crítico del capitalismo para quien una cosa es que el mercado sea necesario y otra que sea suficiente. En ese marco, como añade Sen, un sistema económico razonablemente justo y eficiente no puede basarse exclusivamente en el mercado, en la motivación del beneficio privado y en las recompensas basadas en la propiedad privada, sino que también ha de sustentarse en redes de asistencia pública para la educación, la sanidad, el desempleo y otras contingencias graves, que a la vez que sostienen la demanda son asimismo un factor de equilibrio frente a las grandes desigualdades producidas por el mercado.[288] Sen agrega que el capitalismo basado en el provecho privado, ha necesitado siempre supervisión frente a la superespeculación y a la "gigantesca sobreestimación de la sabiduría de los procesos del mercado".[289] Junto a ello, aunque Sen no lo señala, cabría añadir que sólo a nivel internacional es posible establecer controles para los fallos del mercado, por ejemplo, en materia de contaminación ambiental y de agotamiento de recursos, y para las diversas injusticias globales, comenzando por los paraísos fiscales.

Desde la anterior perspectiva, un bien público todavía en buena parte inexistente, que Smith no echó en falta pero que el proceso de globalización viene a hacer cada vez más necesario, es una estructura política internacional que asegure no sólo el libre comercio internacional, sino también unas condiciones jurídicas comunes que, bajo el modelo del *rule of law*, garanticen el juego limpio entre los Estados y los agentes económicos multinacionales. Puede ser objeto de discusión si esa estructura podrá ser establecida, a más o menos corto plazo, mediante instrumentos de *soft law* y de gobernanza acordados entre diversos Estados o si, como tiendo a pensar, sólo podrá funcionar adecuadamente, a más o menos largo plazo, dando pasos hacia una cierta centralización caracterizada por una obligatoriedad jurídica más formalizada que extienda y profundice el modelo de la actual Organización Mundial del Comercio. Es evidente que en ese camino hará falta mucho más que la smithiana "ciencia de un legislador", pero entre las cosas necesarias será preciso tener presente algunas de las ideas que, como hemos visto, Adam Smith tuvo bien claras y sólidas.

---

[287] Cf., *supra,* el texto correspondiente a las notas 184-185 y 254, así como, sobre las dos últimas medidas, Lieberman, 2006, pp. 227-230 y 238, quien también llama la atención de cómo en las *LJ(B)* el análisis del gobierno "opresivo" comienza con las repartos que ponían "grandes extensiones de terreno en las manos de una sola persona", con lo que "los grandes y poderosos se dividen entre sí todas las tierras y no dejan nada para los estamentos inferiores" (*LJ(B)*.289, pp. 522-523/177).

Por su parte, Amartya Sen ha insistido en la preocupación que a Smith le producía, por razones de *equity,* la extrema desigualdad y la pobreza (cf. Sen, 2009b, p. 28, así como Rothschild y Sen, 2006, pp. 326 y 360; con relevantes remisiones a *WN*.I.viii.27, 36, 42 y 44, y *WN*.V.ii.k.3, p. 91/72, 96/76-77, 99-100/79-89 y 676/769).

[288] Cf. Sen, 2009b, p. 27.

[289] *Ibid.,* p. 28.

BIBLIOGRAFÍA

Obras de Adam Smith

El sistema de cita de las obras de Smith recoge, tras la inicial de la obra y separadas por puntos, las distintas divisiones según *The Glasgow Edition of the Works and Correspondence of Adam Smith* (publicada en 6 tomos por Oxford University Press y disponible en internet en diversos formatos electrónicos en *The Online Library of Liberty*); dichas divisiones corresponden al Libro o Parte, en su caso al capítulo, sección, etc., sucesivo y, en fin, al párrafo o página de la edición original que *The Glasgow Edition* toma como referencia y que hace constar siempre en los márgenes de cabeza de cada obra; tras ello, cada cita indica la página de esta última edición y, si existe, separado por una barra inclinada (/), la página de la traducción castellana: así, por ejemplo, *WN*.V.i.g.3, p. 790/694, remite al Libro V, cap. I, parte g, párrafo 3, p. 790 de la *Glasgow Edition* de la *Wealth of Nations* y p. 694 de la trad. cast. citada.

CO: The Correspondence of Adam Smith, ed. por E. C. Mossner e I. S. Ross, Oxford, Clarendon Press, 1977 (tomo VI de *The Glasgow Edition...* cit.).

HA: The History of Astronomy (1795), en *Essays on Philosophical Subjects (and Miscellaneous Pieces)*, ed. por W. P. D. Wightman, Oxford, Clarendon Press, 1980, pp. 34-105 (tomo III de *The Glasgow Edition...* cit.).

LJ: on Jurisprudence [incluye *LJ(A)* y *LJ(B)*], ed. por R. L. Meek, D. D. Raphael y P. G. Stein, Oxford, Clarendon Press, 1978 (tomo V de *The Glasgow Edition...* cit.).

LJ(A): Lectures on Jurisprudence (1762-63), 1ª ed. en *LJ*, pp. 1-394; hay trad. cast. de Manuel Escamilla y José Joaquín Jiménez, *Lecciones sobre jurisprudencia*, Granada, Comares, 1995.

LJ(B): Lectures on Jurisprudence (1763-64); 1ª ed. de Edwin Cannan, 1896; se cita por la ed. de *LJ*, pp. 395-558; hay trad. cast. de Alfonso Ruiz Miguel, *Lecciones de jurisprudencia*, Madrid, Centro de Estudios Políticos y Constitucionales, 1996.

LRBL: *Lectures on Rhetoric and Belles Lettres* (1762-63), ed. por J. C. Bryce, Oxford, Clarendon Press, 1978 (tomo IV de *The Glasgow Edition... cit.*).

WN: *An Inquiry into the Nature and Causes of the Wealth of Nations* (1776), ed. de R. H. Campbell, A. S. Skinner y W. B. Tood, Oxford, Clarendon Press, 2 vols., 1976 (tomo II de *The Glasgow Edition... cit.*), por la que se cita; hay varias trad. cast., como la de Gabriel Franco, realizada sobre la ed. de Edwin Cannan (1904), *Investigación sobre la naturaleza y causas de la riqueza de las naciones*, México, FCE, 1958; también la de Juan Carlos Collado Curiel y Antonio Mira-Perceval Pastor, sobre la ed. de Campbell, Skinner y Todd, con igual título que la anterior, Barcelona, Oikos-Tau, 2 vols., 1988; y, en fin, una parcial publicada por Alianza en 1994 (véase Rodríguez Braun 1994); aunque la traducción de los textos es siempre mía, en las notas se remite también a las páginas de la primera trad. cast. indicada.

TMS: *The Theory of Moral Sentiments* (1759[1], 1761[2], 1790[6]), ed. de D. D. Raphael y A. L. Macfie, Oxford, Clarendon Press, 1976 (vol. I de *The Glasgow Edition... cit.*); hay una ed. cast. en el FCE que selecciona unas pocas partes del libro, por lo que la trad. cast. se cita por la ed. completa, de Carlos Rodríguez Braun, *La teoría de los sentimientos morales*, Madrid, Alianza, 1997.

Letter: "Letter from Adam Smith, LL. D. To William Straham, Esq." (9 noviembre 1776), en David Hume, *Essays Moral, Political, Literary*, edited and with a Foreword, Notes, and Glossary by Eugene F. Miller, with an appendix of variant readings from the 1889 edition by T.H. Green and T.H. Grose, revised edition (Indiana-polis: Liberty Fund 1987).

Obras de otros autores

Argemí, Lluis, 1992: "Adam Smith en un mundo cambiante", en C. Moya, A. Pérez-Argote, J. Salcedo y J. F. Tezanos, *Escritos de teoría sociológica en homenaje a Luis Rodríguez Zúñiga*, Madrid, Centro de Investigaciones Sociológicas, 1992, pp. 81-96.

Austin, John, 1834: *On the Uses of the Study of Jurisprudence*, en *Lectures on Jurisprudence, being the sequel to "The Province of Jurisprudence Determined"*, to which are added Notes and Fragments, Now first published from the Original Manuscripts, Nueva York, Burt Franklin, 1861, vol. 3, pp. 349-75; trad. cast. y estudio preliminar de Felipe González Vicén, *Sobre la utilidad del estudio de la jurisprudencia*, Madrid, Centro de Estudios Constitucionales, 1981.

Bagolini, Luigi, 1975: "The Topicality of Adam Smith's Notion of Sympathy and Judicial Evaluations", en Skinner y Wilson 1975, pp. 100-13.

Bayón, Juan Carlos, 1994: "Eficiencia e inalienabilidad", *Doxa. Cuadernos de Filosofía del Derecho*, núms. 15-16 (Homenaje a Elías Díaz), vol. II, 1994, pp. 971-991.

—————, 1991: *La normatividad del Derecho. Deber jurídico y razones para la acción*, Madrid, Centro de Estudios Constitucionales.

Berry, Christopher J., 2006: "Smith and Science", en Haakonssen, 2006a, pp. 112-135.

Bobbio, Norberto, 1979: "Il modello giusnaturalistico", en N. Bobbio y M. Bovero, *Società e stato nella filosofia moderna. Modello giusnaturalistico e modello hegelo--marxiano*, Milán, Il Saggiatore, pp. 17-109; se cita por la trad. cast. de J. C. Bayón en *Historia de la Filosofía. De Hobbes a Gramsci*, est. prel. de A. Ruiz Miguel, Madrid, Debate, 1985, pp. 73-149.

Broady, Alexander, 2006: "Sympathy and the Impartial Spectator", en Haakonssen 2006b, pp. 158-188.

Brown, Vivienne, 1994: *Adam Smith's Discourse. Canonicity, Commerce and Conscience*, Londres, Routledge.

Cairns, John W., 1994: "Adam Smith and the Role of the Courts in Securing Justice and Liberty", en Malloy y Evensky, 1994, pp. 31-61.

Campbell, R. H. y A. S. Skinner, 1976: "General Introduction" a la ed. cit. de la *WN*, vol. 1, pp. 1-60.

—————, 1982: *Adam Smith*, Londres y Camberra, Croom Helm.

Campbell, William F., 1967: "Adam Smith's Theory of Justice, Prudence, and Beneficence", *American Economic Review*, vol. 57, mayo, pp. 571-77.

Cannan, Edwin, 1904: "Editor's Introduction" a Adam Smith, *An Inquiry into the Nature and Causes of the Wealth of Nations*, reimpr. de la ed. de Edwin Cannan (2 vols., 1904), Chicago, Chicago University Press, 1976, 2 vols. en uno, pp. XIX-liv; trad. cast. en la ed. cit. del FCE, como "Prefacio", pp. XLI-LXXVI.

Coase, Ronald H., 1976: "Adam Smith's View of Man", *The Journal of Law and Economics*, XIX (3), october, pp. 529-546.

Colomer, Josep M., 1991: "Ilustración y liberalismo en Gran Bretaña: J. Locke, D. Hume, los economistas clásicos, los utilitaristas", en Fernando Vallespín, (comp.), *Historia de la teoría política*, tomo 3, Madrid, Alianza Editorial, 1991, pp. 10-96.

Cropsey, Joseph, 1975: "Adam Smith and Political Philosophy", en Skinner y Wilson 1975, pp. 132-53.

D'Alembert, Jean Le Rond, 1751: *Discours préliminaire de l'Encyclopédie*; se cita por la trad. cast. de C. Berges, *Discurso preliminar de la Enciclopedia*, Madrid, Sarpe, 1984.

Escamilla Castillo, Manuel, 1995: "El espectador imparcial y la teoría del Derecho de Adam Smith", Introducción a la trad. cast. de *LJ(A)* cit.

Evensky, Jerry, 1994a: "Setting the Scene: Adam Smith's Moral Philosophy", en Malloy y Evensky 1994, pp. 7-29.

——————— 1994b: "Professor Malloy, Judge Posner and Adam Smith's Moral Philosophy", en Malloy y Evensky 1994, pp. 189-97.

——————— 1994c: "The Role of Law in Adam Smith's Moral Philosophy: Natural Jurisprudence and Utility", en Malloy y Evensky 1994, pp. 189-97.

Ferguson, Adam, 1767: *An Essay on the History of Civil Society*; se cita por la trad. cast. de J. Rincón Jurado, *Un ensayo sobre la historia de la sociedad civil*, Madrid, Instituto de Estudios Políticos, 1974.

Fitzgibbons, Athol, 1995: *Adam Smith's Systen of Liberty, Wealth and Virtue. The Moral and Political Foundations of "The Wealth of Nations"*, Oxford, Clarendon Press.

Fry, Michael (comp.), 1992: *Adam Smith's Legacy: His Place in the Development of Modern Economics*, Londres, Routledge.

Galbraith, John K., 1987: *Economics in Perspective. A Critical History*, trad. cast. de Hernán Rodríguez-Campoamor, por la que se cita, *Historia de la economía*, Barcelona, Ariel, 1989.

García Pelayo, Manuel, 1949: "La teoría social de la fisiocracia", *Moneda y Crédito*, núm. 31, pp. 18-43; se cita por *Obras completas*, Madrid, Centro de Estudios Constitucionales, 1991, vol. III, pp. 2241-2268.

Gauthier, David, 1985: *Morals by Agreement*, Oxford, Clarendon Press; hay trad. cast. De A. Bixio y S. Monder, *La moral por acuerdo*, Barcelona, Gedisa, 1994.

Giuliani, Alessandro, 1954: "Adam Smith filosofo del diritto", *Rivista Internazionale di Filosofia del Diritto*, pp. 505-38.

Göçmen, Do an, 2007: *The Adam Smith Problem. Human Nature and Society in "The Theory of Moral Sentiments" and "The Wealth of Nations"*, Londres-Nueva York, Tauris Academic Studies.

Haakonssen, Knud, 1981: *The Science of a Legislator. The Natural Jurisprudence of David Hume and Adam Smith*, Cambridge, Cambridge University Press.

——————— 2006a: *The Cambridge Companion to Adam Smith*, Cambridge University Press.

——————— 2006b: "Introduction. The Coherence of Smith's Thought", en Haakonssen 2006a, pp. 1-21.

Haakonssen, Knud, y Winch, Donald, 2006, "The Legacy of Adam Smith", en Haakonssen 2006a, pp. 366-394.

Hayek, Friedrich August von, 1976a: *Law, Legislation and Liberty*, vol. 2, *The Mirage of Social Justice*; trad. cast. de Luis Reig Albiol, por la que se cita, *Derecho, legislación y libertad*, vol. II, *El espejismo de la justicia social*, Madrid, Unión Editorial, 1979.

——————— 1976b: *Law, Legislation and Liberty*, vol. 3, *The Political Order of a Free People*; trad. cast. de Luis Reig Albiol, por la que se cita, *Derecho, legislación y libertad*, vol. III, *El orden político de una sociedad libre*, Madrid, Unión Editorial, 1982.

Hierro Sánchez-Pescador, Liborio, 1993: "Contra el imperio de la riqueza (Dworkin v/s. Posner)", *Revista de Ciencias Sociales* (Valparaíso, Chile), núm. 38, 1993, pp. 383-411.

—————, 1994: "La pobreza como injusticia (Dworkin v. Calabresi)", *Doxa. Cuadernos de Filosofía del Derecho*, núms. 15-16 (Homenaje a Elías Díaz), vol. II, pp. 945-969.

Hirschman, Albert O., 1977: *The Passions and the Interests. Political Arguments for Capitalism before its Triumph*, Princeton (N. J.), Princeton University Press; trad. cast. de Joan Solé, *Las pasiones y los intereses. Argumentos políticos en favor del capitalismo previos a su triunfo*, Barcelona, Península, 1999.

—————, 1982: *Shifting Involvements. Private Interest and Public Action*, Princeton, Princeton University Press; trad. cast. de Eduardo L. Suárez, por la que se cita, *Interés privado y acción pública*, México, FCE, 1986.

Honderich, Ted, 1995: *The Oxford Companion to Philosophy*, Oxford-Nueva York, Oxford University Press.

Hume, David, 1739(-1740): *A Treatise of Human Nature*, reimpr. de la ed. orig. de L. A. Selby-Bigge, 2ª ed. rev. por P. H. Nidditch, Oxford, Clarendon Press, 1978; trad. cast. de Félix Duque, *Tratado de la naturaleza humana*, 2 vols., Madrid, Editora Nacional, 1977.

—————, 1748: *Of the Original Contract*, en Hume 1889, pp. 465-487; hay trad. cast. de Miguel Angel Rodríguez E., *Sobre el contrato original*, en *Ensayos políticos*, San José de Costa Rica, Universidad Autónoma de Centro América, 1986, pp. 73-94.

—————, 1777: *On the Immortality of the Soul*, en Hume 1889, pp. 590-598.

—————, 1889: *Essays Moral, Political, Literary,* edited and with a Foreword, Notes, and Glossary by Eugene F. Miller, with an appendix of variant readings from the 1889 edition by T.H. Green and T.H. Grose, revised edition; ed. facsímil, Indianapolis, Liberty Fund, 1987.

Kant, Immanuel, 1785: *Grundlegung zur Metaphysik der Sitten. Fundamentación de la metafísica de las costumbres* [1785], ed. bilingüe de José Mardomingo, Barcelona, Ariel, 1996.

Katz, Isaac M., 2009: *¿Qué tan liberal es usted? ¿Es tan liberal como cree?*, México, ITAM-Ediciones Coyoacán.

Larrañaga, Pablo, 2009: *Regulación. Técnica jurídica y razonamiento económico*, México, Porrúa.

Lieberman, David, 2006: "Adam Smith on Justice, Rights, and Law", en Haakonssen 2006a, pp. 214-245.

Long, Douglas, 2006: "Adam Smit's Politics", en Haakonssen 2006a, pp. 288-318.

MacCormick, Neil, 1981: "Adam Smith on Law", *Valparaiso University Law Review*, 15, pp.243-63; recopilado, por donde se cita, como cap. 6 ("Law and Economics:

Adam Smith's Analysis"), en *Legal Right and Social Democracy. Essays in Legal and Political Philosophy*, Oxfo1rd, Clarendon Press, 1982, pp. 103-25.

Mackinnon, Kenneth A.B., 1994: "Adam Smith on Delictual Liability", en Malloy y Evensky 1994, pp. 83-112.

Malloy, Robin Paul, 1994a: "Introduction to the Volume", en Malloy y Evensky 1994, pp. 1-5.

—————, 1994b: "Adam Smith and the Modern Discourse of Law and Economics", en Malloy y Evensky 1994, pp. 113-150.

—————, 1994c: "Is Law and Economics Moral? Humanistic Economics and a Classical Liberal Critique of Posner's Economic Analysis", en Malloy y Evensky 1994, pp. 153-66.

—————, 1994d: "The Limits of Science in Legal Discourse. A Reply to Posner", en Malloy y Evensky 1994, pp. 179-85.

Malloy, Robin Paul, y Evensky, Jerry (comps.), 1994: *Adam Smith and the Philosophy of Law and Economics*, Dordrecht etc., Kluwer Academic Publishers.

Martín Rodríguez, Manuel, 1980: "De cómo Adam Smith no llegó a ser 'Homo oeconomicus'. Una interpretación general de la conducta humana en el sistema moral de A. Smith", *Revista de Economía Política*, núm. 84, enero-abril, pp. 117-62.

Martínez de Pisón, José, 1992: *Justicia y orden político en Hume*, Madrid, Centro de Estudios Constitucionales.

McNally, David, 1993: *Against the Market, Political Economy, Market Socialism and the Marxist Critique*, Londres, Verso.

Meek, R. L., Raphael, D. D., y Stein, P. G., 1978: "Introduction" a *LJ* cit., pp. 1-42.

Meek, Ronald L., 1976: *Social Science and the Ignoble Savage*, Cambridge, Cambridge University Press; trad. cast. de Eulalia Pérez Sedeño, *Los orígenes de la ciencia social. El desarrollo de la teoría de los cuatro estadios*, Madrid, Siglo XxI, 1981.

Méndez Baiges, Víctor, 2004: *El filósofo y el mercader. Filosofía, derecho y economía en la obra de Adam Smith*, México, FCE.

—————, 2007: *Adam Smith. Vida, pensamiento y obra*, Barcelona, Planeta DeAgostini.

Mehta, Pratap Bhanu, 2006: "Self-Interest and Other Interests", Haakonssen 2006a, pp. 246-269.

Mizuta, Hiroshi, 1975: "Moral Philosophy and Civil Society", en Skinner y Wilson 1975, pp. 114-31.

Montesquieu (Charles-Louis de Secondat, barón de), 1748: *De l'esprit des lois*; se cita por la trad. cast. de Mercedes Blázquez y Pedro de Vega, *El espíritu de las leyes*, prólogo de E. Tierno Galván, Madrid, Tecnos, 1972.

Myers, Milton L., 1983: *The Soul of Modern Economic Man. Ideas of Self-Interest. Thomas Hobbes to Adam Smith*, Chicago, The University of Chicago Press.

Pocock, J. G. A., 2006: "Adam Smith and History", en Haakonssen 2006a, pp. 270-287.

Posner, Richard A., 1994a: "Law and Economics *is* Moral", en Malloy y Evensky 1994, pp. 167-77.

—————————, 1994b: "Rebuttal to Malloy", en Malloy y Evensky, 1994, pp. 187-8.

Rae, John, 1895: *Life of Adam Smith*, Londres, Macmillan and Co., reimpresión de la ed. original, con la introducción de Jacob Viner, *Guide to John Rae's "Life of Adam Smith"*, Nueva York, Augustus M. Kelley, 1965.

Rawls, John, 1971: *A Theory of Justice*, Cambridge (Mass.), Harvard University Press.

Raphael, David D., 1975: "The Impartial Spectator", en Skinner y Wilson, 1975, pp. 83-99.

—————————, 2007: *The Impartial Spectator. Adam Smith's Moral Philosophy*, Oxford, Clarendon Press.

Raphael, D. D. y A. L. Macfie, 1976: "Introduction" a la edición aquí utilizada de *TMS*, pp. 1-52.

Rivera, Faviola, 2003: *Virtud y justicia en Kant*, México, Fontamara.

Rodríguez Braun, Carlos, 1994: "Estudio preliminar" a Smith, A., *La riqueza de las naciones (Libros I-II-III y selección de los libros IV y V)*, Madrid, Alianza, pp. 7-24.

————————— 1997: "Estudio preliminar" a la ed. cast. de la *TMS* cit., pp. 7-40.

Rodríguez Paniagua, José M., 1984: *Historia del pensamiento jurídico*, 5ª ed. ampl., Madrid, Facultad de Derecho de la Universidad Complutense.

Rothschild, Emma y Amartya Sen, 2006: "Adam Smith's Economics", en Haakonssen 2006a, pp. 319-365.

Rousseau, Jean-Jacques, 1755: *Discours sur l'origine et les fondements de l'inegalité parmi les hommes*, trad. cast. de Mauro Armiño, *Del contrato social. Discurso sobre las ciencias y las artes. Discurso sobre el origen de la desigualdad entre los hombres*, Madrid, Alianza, 1980, pp. 177-334.

Ruiz Miguel, Alfonso, 1993: "Mercado y democracia. Un marco para un debate", *Claves de Razón Práctica*, núm. 38, diciembre, pp. 34-39; también, como "De la democracia al mercado", en *Etcétera. Semanario de política y cultura* (México), núm. 44, 2 diciembre 1993, pp. 15-18.

—————————, 1996: "La jurisprudencia de Adam Smith, entre la ética y la economía", Estudio preliminar a *Smith LJ(B)*, pp. IX-LXX.

————————— 2009: *Una Filosofía del Derecho en modelos históricos*, Madrid, Trotta (1ª ed., 2002).

Sánchez Garrido, Pablo, 2008: *Raíces intelectuales de Amartya Sen. Aristóteles, Adam Smith y Karl Marx*, Madrid, Centro de Estudios Políticos y Constitucionales.

Schotter, Andrew, 1985: *Free Market Economics. A Critical Appraisal*, Oxford, Basil Blackwell; se cita por la trad. cast. G. Hernández Ortega, *La economía de libre mercado. Una valoración crítica*, Barcelona, Ariel, 1987.

Schumpeter, Joseph A., 1954: *History of Economics Analysis*, Oxford, Oxford University Press; se cita por la trad. cast. de Manuel Sacristán, José A. García y Narciso Serra, *Historia del análisis económico*, Barcelona, Ariel, 1971.

Sen, Amartya, 2009a: *The Idea of Justice*, Londres, Penguin; trad. cast. De H. Valencia Villa, Madrid, Taurus, 2010.

——————, 2009b: "Capitalism Beyond the Crisis", *New York Review of Books*, vol. 56, núm. 5, 26 marzo, pp. 27-30; trad. cast. de Eva Rodríguez Halffter, "Capitalismo: más allá de la crisis", *Claves de Razón Práctica*, n. 191, abril 2009, pp. 14-19; también, con trad. cast. de Ramón González Férriz, "El capitalismo más allá de la crisis", *Letras libres*, mayo 2009.

Shapiro, Michael J., 2002: *Reading "Adam Smith". Desire, History, and Value*, 2ª ed., Lanham, Rowman and Littlefield Publishers (1ª ed., 1993).

Shaver, Robert, 2006: "Virtues, Utility, and Rules", en Haakonssen 2006a, pp. 189-213.

Skinner, Andrew S., 1975: "Adam Smith: an Economic Interpretation of History", en Skinner y Wilson 1975, pp. 154-78.

——————, 1981: "Introduction" a Adam Smith, *The Wealth of Nations. Books I-III*, reed. de la 4ª ed. (1981), Londres, Penguin Books, 1982, pp. 11-97.

Skinner, Andrew S. y Thomas Wilson, 1975: *Essays on Adam Smith*, Oxford, Clarendon Press.

Stein, Peter, 1955: "Osservazioni intorno ad Adamo Smith filosofo del diritto", *Rivista Internazionale di Filosofia del Diritto*, pp. 97-100.

Stewart, Dugald, 1793: *Account of the Life and Writtings of Adam Smith, LL.D.*, en A. Smith, *The Theory of Moral Sentiments*, Nueva York, Augustus M. Kelley, 1966 (reimpr. de la ed. de 1853), pp. xi-lxix).

Stigler, George J., 1975: "Smith's Travels on the Ship of State", en Skinner y Wilson 1975, pp. 237-46.

Taylor, Charles, 2007: *A Secular Age*, Cambridge, Mass.-Londres, The Belknap Press of Harvard University Press.

Wences, Isabel, 2006: *Sociedad civil y virtud cívica en Adam Ferguson*, Madrid, Centro de Estudios Políticos y Constitucionales.

——————, 2009: *Hombre y* sociedad en la Ilustración escocesa, México, Fontamara.

West, Edwin G., 1976: *Adam Smith. The Man and His Works*, Indianápolis, Liberty Press; se cita por la trad. cast. de Julio H. Cole, *Adam Smith. El hombre y sus obras*, Madrid, Unión Editorial, 1989.

——————, 1990: Adam Smith and Modern Economics. From Market Behaviour to Public Choice, Aldershot, Edward Elgar.

Wightman, W. P. D., 1975: "Adam Smith and the History of Ideas", en Skinner y Wilson 1975, pp. 44-67.

Viner, Jacob, 1965: *Guide to John Rae's "Life of Adam Smith"*, Nueva York, Augustus M. Kelley, 1965 (véase Rae 1895).

Yanaihara, Tadao (ed.), 1951: *A full detailed Cataloge of Books which belonged to Adam Smith, Now in the possession of the Faculty of Economics*, University of Tokio, 2ª ed., Nueva York, Augustus M. Kelley, 1966.

Isaac Katz*

A pesar de ser el sistema económico más exitoso en la historia de la humanidad, el único que ha logrado un incremento sostenido en el bienestar de los individuos a lo largo y ancho del orbe, el capitalismo sigue siendo sujeto de críticas, centradas la mayor parte de ellas en la supuesta injusticia que se deriva de este sistema. Se argumenta que una economía de mercado premia el egoísmo y la avaricia, e inhibe, por sus propias características, las actitudes altruistas de cada individuo hacia sus semejantes. Se llega incluso a afirmar que por premiar el egoísmo, un sistema capitalista es inmoral. ¿Qué tan ciertas son estas afirmaciones? ¿Es realmente el capitalismo un sistema inmoral?

El propósito de este ensayo, basado principalmente en las obras de Adam Smith, es demostrar exactamente lo contrario; se plantea que el capitalismo, una sociedad que se organiza a través del mercado, es en realidad el único sistema económico de organización social que es realmente moral al premiar, por sobre todo, la libertad de los individuos. Y este elemento, la libertad individual, es el que lleva de manera eficiente al progreso económico, uno en donde el beneficio de tal progreso es generalizado, sin que ello implique igualdad de resultados o alguna medida de justicia distributiva. Y es por esto, por el alto valor que se le da a la libertad individual, que el capitalismo es el sistema económico con el más alto grado de eticidad. No reconocerlo así, deriva en la idea de que es necesario restringir la libertad individual, lo que trae como consecuencia inhibir el progreso económico, reduciendo con ello el bienestar de la población.

En el primer párrafo de la *Teoría de los sentimientos morales*, Adam Smith afirmó:

Por más egoísta que se pueda suponer al hombre, existen evidentemente en su naturaleza algunos principios que le hacen interesarse por la suerte de otros y hacen que

---

* Este texto se presentó originalmente con el título "Adam Smith. La libertad individual y el progreso económico".

la felicidad de éstos le resulte necesaria, aunque no derive de ella más que el placer de contemplarla.[1]

Por otra parte, en el primer capítulo de la *Investigación sobre la naturaleza y causas de la riqueza de las naciones* afirma:

No es la benevolencia del carnicero, del cervecero o del panadero lo que nos procura el alimento, sino la consideración de su propio interés. No invocamos sus sentimientos humanitarios sino su egoísmo; ni le hablamos de nuestras necesidades, sino de sus ventajas.[2]

Dos párrafos que, en principio, parecen contradecirse y de ahí el llamado "Problema de Smith". ¿Realmente es un problema? La respuesta es un rotundo no. Y el mismo Smith, en la *Teoría de los sentimientos morales*, da la respuesta cuando señala que:

la sociedad de personas distintas puede subsistir, como la de comerciantes distintos, en razón de su utilidad, sin ningún amor o afecto mutuo; y aunque en ella ninguna persona debe favor alguno o está en deuda de gratitud con nadie, la sociedad podría sostenerse a través de un intercambio mercenario de buenos oficios de acuerdo con una evaluación consensuada.[3]

Partamos de que los humanos son ambiciosos. ¿Es esto una característica de la naturaleza humana? La respuesta es no. En realidad no existen los individuos que derivan satisfacción de la acumulación de riqueza *per se*; la acumulación de riqueza no es el objetivo de los individuos. Los individuos derivan satisfacción, y en consecuencia bienestar, del hecho de que a mayor riqueza, mayor será también el número de necesidades que se puedan satisfacer.

La ambición y consecuentemente el egoísmo se derivan de un hecho inexorable, inescapable, que es la escasez de recursos. Somos egoístas porque todos nos enfrentamos a la restricción de que tenemos recursos escasos, desde los individuos más pobres hasta el individuo más rico del orbe. Dada la escasez de recursos, está en nuestro interés maximizar con ellos nuestro nivel de bienestar y el de nuestra unidad familiar cercana. Así, dadas las necesidades que deseamos satisfacer y los recursos escasos de los que disponemos, es que está en nuestro propio interés maximizar la rentabilidad sobre la utilización productiva de nuestros recursos. Aquí tenemos tres aspectos centrales:

---

[1] Adam Smith, *La teoría de los sentimientos morales*, Madrid, Alianza, 2004, p. 49.

[2] A. Smith, *Investigación sobre la naturaleza y las causas de la riqueza de las naciones*, México, FCE, 1990, p. 17.

[3] A. Smith, *La teoría de los sentimientos morales*, p. 182.

A) *Los recursos son escasos.* Esta situación de la naturaleza, válida para cada uno de los individuos, naturalmente nos lleva a tratar de maximizar el ingreso que se deriva de su utilización, lo que nos induce a especializarnos de acuerdo con las ventajas comparativas que cada uno tengamos.

Smith lo señala en la *Riqueza de las naciones* cuando afirma:

> Siempre será máxima constante de cualquier prudente padre de familia no hacer en casa lo que cuesta más caro que comprarlo. El sastre, por esta razón, no hace zapatos para sí y su familia, sino que los compra del zapatero; éste no cose sus vestidos, sino que los encomienda al sastre; el labrador no hace su casa ni lo uno ni lo otro, pero da trabajo a esos artesanos. Interesa a todos emplear su industria siguiendo el camino que les proporciona más ventajas, comprando con una parte del producto de la propia, o con su precio, que es lo mismo, lo que la industria de otro produce y ellos necesitan.[4]

Tal como menciona Smith en el capítulo III del primer libro de la *Riqueza de las naciones*, la especialización está sujeta a la extensión del mercado; entre más grande es el mercado, entre más sean los individuos que participan en el proceso de producción y distribución de los diferentes bienes que los individuos demandan para satisfacer sus necesidades, mayor tenderá a ser el grado de especialización.[5] En este sentido, Smith es el precursor de la teoría de las ventajas comparativas, desarrolladas posteriormente por David Ricardo en su libro *Principios de economía política y tributación* y que son el sustento de la teoría moderna del comercio internacional.

Es a partir de que entre mayor sea el volumen de comercio internacional, mayores serán las exportaciones realizadas por un país y por lo tanto más grande será el tamaño del mercado que enfrenta cada uno de los productores nacionales, que Smith es un ferviente creyente en el comercio internacional. Es un creciente volumen del comercio internacional lo que deriva en una mayor especialización de cada uno de

---

[4] A. Smith, *Investigación sobre la naturaleza y las causas de la riqueza de las naciones*, pp. 402.403.

[5] Sirva de ejemplo el clásico libro de Daniel Defoe, *Robinson Crusoe.* En la historia, Robinson Crusoe, después del naufragio, está solo en la isla. Él tiene a su disposición para producir bienes solamente dos recursos: su capital humano que consiste de sus habilidades y conocimientos y los recursos naturales existentes en la isla. Con estos recursos limitados, así como enfrentado al hecho de que el día solamente tiene 24 horas, Robinson Crusoe tiene que elegir cómo asignarlos para producir para él aquellos bienes que le permitan satisfacer sus necesidades, incluyendo alimentos y vivienda. Está solo y, consecuentemente, no puede especializarse en la producción de aquel bien en el cual tiene ventajas comparativas.

Esta situación cambia cuando aparece Friday en la isla. La existencia de un segundo individuo genera el incentivo para la cooperación, de forma tal que cada uno de ellos tenderá a producir aquellos bienes en los cuales tengan ventaja comparativa, para posteriormente llevar a cabo el intercambio. Ambos ganan de especializarse y de intercambiar.

los factores de la producción y, tal como lo plantea Smith, es esa mayor especialización el mecanismo para incrementar el valor del trabajo.[6,7]

Es esta especialización en el trabajo, junto con el intercambio en mercados cada vez más grandes, que deriva en un hecho crucial para el progreso de las naciones: los rendimientos marginales crecientes, habiendo sido Smith el primero en exponerlo en su ejemplo de los alfileres. La existencia de rendimientos crecientes quiere decir que a medida que se aumenta el nivel de producción, el costo en el margen será siempre decreciente. El problema con el ejemplo de Smith es que si esto se diera efectivamente y en cualquier actividad económica, el resultado sería la generación de monopolios naturales y esto no tiene sustento en la realidad. Lo que en realidad se observa son mercados en donde tiende a predominar la competencia y existen rendimientos marginales decrecientes, es decir, el costo marginal de expandir la producción es creciente, lo que refleja la existencia de recursos escasos con un costo de oportunidad creciente.[8]

B) *Las necesidades son múltiples, competitivas y se pueden ordenar.* Todos los individuos tienen una enorme cantidad de necesidades que se desean satisfacer, pero dada la escasez de recursos, tenemos que elegir a cuáles de todas las necesidades vamos a darle satisfacción y con qué intensidad, teniendo que elegir, en consecuencia, cuáles de las necesidades se dejan sin satisfacer. El objetivo de esta elección, como asignar los recursos escasos para darle satisfacción a algunas de las necesidades, tiene como objetivo último tratar de maximizar el nivel de bienestar de la unidad familiar.

Es interesante notar que en las decisiones que toman los integrantes de la familia sobre qué necesidades satisfacer y en consecuencia cuál es la asignación que se hace de los recursos escasos que se poseen, hay siempre un elemento de egoísmo y, simultáneamente, uno de altruismo, siendo el mejor ejemplo de ello el sacrificio que hacen los padres de familia en la satisfacción de sus propias necesidades para des-

---

[6] El ejemplo que utiliza Smith es el de la fabricación de alfileres, tal como lo expone en el primer capítulo de la *Riqueza de las naciones.* A. Smith, *Investigación sobre la naturaleza y las causas de la riqueza de las naciones,* pp. 8-9.

[7] Es interesante señalar que la razón principal por la cual Smith apoyaba el libre comercio era la ampliación del comercio, del volumen de exportaciones, para inducir una mayor especialización en el trabajo, sin que por ello no le diese un alto valor al bienestar de los consumidores, siendo que esto es la razón última del comercio internacional. Puesto de otra manera, el objetivo del comercio internacional es la importación de bienes proveniente de aquellos países que pueden producirlo de manera más barata que lo que costaría producirlo internamente. Smith, en el capítulo II del cuarto libro, señala "Lo que es prudencia en el gobierno de una familia particular, raras veces deja de serlo en la conducta de un gran reino. Cuando un país extranjero nos puede ofrecer una mercancía en condiciones más baratas que nosotros podemos hacerla, será mejor comprarla que producirla, dando por ella parte del producto de nuestra propia actividad económica, y dejando a ésta emplearse en aquellos ramos en que saque ventaja al extranjero." A. Smith, *Investigación sobre la naturaleza y las causas de la riqueza de las naciones,* p. 403.

[8] Para un mayor análisis al respecto, véase David Warsh, *Knowledge and the Wealth of Nations,* Nueva York, W.W. Norton & Co., 2006.

tinar parte de ese ingreso a la alimentación, vestido, salud y educación de los hijos. Los padres están dispuestos a sacrificar consumo propio porque derivan satisfacción del bienestar de sus hijos.[9]

Este tipo de actitudes que contienen elementos de egoísmo y simultáneamente de altruismo, se debilitan a medida que nos alejamos del círculo cercano, familia y amigos y de ahí que en las relaciones que se tienen con individuos alejados del círculo familiar y de amistad cercano, las actitudes tiendan a ser predominantemente egoístas, tal como el propio Smith lo reconoce en la *Teoría de los sentimientos morales*. Sin embargo, vale la pena resaltar la importancia del egoísmo, tal como lo hace Ayn Rand, al señalar que

> ...Amar es valorar. Sólo un hombre racionalmente egoísta, que posee autoestima, es capaz de amar, porque él es el único que puede mantener valores firmes, consistentes, sin comprometerlos ni traicionarlos. El hombre que no se valora a sí mismo no puede valorar a nada o a nadie. Sólo sobre la base del principio del egoísmo racional, sobre la base de justicia, pueden los hombres estar preparados para convivir en una sociedad racional, libre, pacífica, próspera y benévola.[10]

El egoísmo es el principio en el cual se basa la libertad para que cada quién busque su felicidad, sin garantía de lograrlo. El altruismo puro es, en realidad, incompatible con la libertad y con los derechos individuales. No se puede combinar la búsqueda de la propia felicidad con el estatus moral de un animal sacrificable, con el estatus de alguien que se sacrifica por otros en todo momento y circunstancia.

C) *¿Qué se gana viviendo en una sociedad libre?* Dos cosas: la transmisión del conocimiento y la división y especialización en el trabajo y el libre intercambio. El primero es el resultado natural de que los individuos forman parte de grupos sociales e interactúan con el resto de los individuos; el conocimiento es siempre, a la larga, un bien público.

En cuanto al segundo, dada la especialización en el trabajo, el resultado de tal especialización es el intercambio. Y aquí entran dos de los principios básicos de la justicia: el derecho a poseer bienes y el derecho al intercambio comercial libre. Ambos derechos forman parte de una visión más amplia de los derechos privados de propiedad, los cuales pueden entenderse como la asignación exclusiva que se le hace a un individuo de un recurso para que él decida libremente como utilizarlo, respetando en todo momento los derechos de propiedad de terceros.[11] Estos derechos privados de propiedad tienen tres elementos: el derecho de posesión del recurso, el derecho de

---

[9] Para un análisis de estos actos que simultáneamente son egoístas y altruistas, véase Isaac Katz, *¿Qué tan liberal es usted?, ¿Es tan liberal como cree?*, México, ITAM-Ediciones Coyoacán, 2009, pp. 83-86.

[10] Ayn Rand, *La virtud del egoísmo*, Buenos Aires, Argentina, Grito Sagrado, 2006, p. 46.

[11] Para un análisis detallado de la importancia de una apropiada definición de los derechos de propiedad para lograr una eficiente asignación de recursos en la economía, véase Eirik G. Furubotn y Svetozar

utilización de éste y el derecho de transferirlo, voluntariamente, a un tercero. Y es importante señalarlo, estos tres derechos se pueden hacer valer ante los tribunales, los cuales tienen que ser independientes, imparciales, eficientes y expeditos.

El primero de estos derechos establece que en una sociedad de individuos libres, éstos deben tener el derecho, como una extensión del derecho a la vida misma, a poseer bienes. La vida de un hombre es suya por derecho. Cada quién es dueño absoluto de sí mismo, de su cuerpo y de su mente, y es libre de hacer con ellos lo que más le plazca, respetando siempre los derechos de terceros. El derecho a la vida es la fuente de todos los derechos y el derecho a la posesión de bienes es la única forma de lograrlo. Sin el derecho a la propiedad, no es posible ningún otro derecho. Esto implica que la posesión de bienes es un derecho natural, bienes que se adquieren por el principio de "primera ocupación" o a través de su adquisición mediante transacciones que son enteramente voluntarias.

El segundo derecho implica que los individuos deben gozar de total libertad para decidir, en función de sus propios intereses, qué uso darle a los recursos que son de su propiedad, incluido su propio cuerpo. La única restricción válida sobre el ejercicio de esta libertad es que no se atente en contra de los derechos de propiedad de terceros y que las acciones se sujeten en todo momento al marco legal vigente, o como coloquialmente se dice: "la libertad para que yo emplee mi cuchillo, cómo más me plazca, termina en donde empieza tu espalda".[12]

El tercer derecho establece que los individuos deben ser libres para vender, a su conveniencia, aquellos recursos que sean de su exclusiva propiedad en una transacción en la cual ambas partes involucradas en la transacción obtienen un beneficio. Teniendo el derecho a la posesión de bienes, los individuos son libres de entrar al intercambio voluntario y lo hacen porque ambas partes ganan. Y al respecto, entran dos conceptos que son esenciales en una sociedad basada en una economía de mercado: la libertad de contrato y la libertad del contrato.[13]

La libertad de contrato se refiere a que los individuos, poseedores absolutos de sus bienes, tienen el derecho de involucrarse libremente, y con quienes deseen, en operaciones de intercambio. La libertad del contrato se refiere a que nadie puede ser obligado a involucrarse en una transacción en contra de su voluntad, siendo esto central, pues para que una sociedad pueda experimentar un proceso sostenido de desarrollo económico, uno que resulte en un mayor progreso de cada individuo en particular y de la sociedad en su conjunto, es necesario que los mercados operen

---

Pejovich, *The Economics of Property Rights*, Ballinger Publishing Company, 1974 y Robert Cooter Thomas Ulen, *Law and Economics*, Harper Collins Publishers, 1988.

[12] Obviamente, un individuo puede decidir utilizar su capital, sus recursos, para actividades consideradas como ilegales, como el robo, que al ser una transferencia involuntaria de riqueza del asaltado al asaltante, se constituye como una violación de los derechos privados de propiedad y, por lo mismo, es un acto que tiene que ser penalizado.

[13] Randy E. Bennet, *The Structure of Liberty, Justice and the Rule of Law*, Oxford, Clarendon Press, 1998.

en un contexto de competencia; la existencia de monopolios violenta el principio de libertad del contrato.

Sobre este punto, Smith es muy elocuente al señalar en el capítulo VII del primer libro de la *Riqueza de las naciones*, cuando trata el tema del "precio natural", término que utiliza para referirse a lo que en la teoría económica se conoce como el precio de equilibrio, que

> ...Un monopolio otorgado a un individuo o a una compañía de comercio produce el mismo efecto que un secreto manufacturero o comercial. Los monopolios, manteniendo siempre bajas las disponibilidades de sus productos en el mercado, y no satisfaciendo jamás la demanda efectiva, venden sus géneros a un precio mucho más alto que el natural, y elevan por encima de su tasa natural sus ganancias, bien consistan éstas en salarios o en beneficios.

Y continua,

> El precio del monopolio es, en todo momento, el más alto que se puede obtener. Por el contrario, el precio natural o de libre competencia es el más bajo que se puede conseguir, no en todas las ocasiones pero sí en un periodo considerable de tiempo. El primero es el mayor que se puede exprimir a los compradores o que se supone están dispuestos a pagar; el segundo, es el más bajo con que se contentan generalmente los vendedores sin dejar de operar en el respectivo renglón.[14]

Así, la existencia de un monopolio se constituye como un elemento que daña a los individuos; la restricción, generalmente legal, a la participación de más empresas en un determinado mercado, se constituye, de hecho, en una violación de los derechos de propiedad de los consumidores, pues lo que hace el monopolista es apropiarse de una fracción del bienestar de los individuos. Por el contrario, tal como lo señala Smith, cuando un mercado opera en competencia, los consumidores enfrentan el precio más bajo posible y las empresas obtienen una tasa de rentabilidad normal, es decir, ganancias que les permiten cubrir el costo de oportunidad del capital.

Dada la escasez de recursos y el derecho a poseer bienes como una extensión del derecho a la vida misma, es que el único sistema económico compatible con ello es una economía de mercado en donde las características primordiales son la propiedad privada de los medios de producción, el libre intercambio en mercados que operen en competencia y el respeto a los derechos de los terceros.

Así, el derecho a la propiedad y el derecho al libre comercio, buscando cada quién su propia felicidad, son los únicos derechos económicos del hombre. Son estos dos principios básicos en los cuales se sustenta el progreso de las naciones. Un sistema

---

[14] A. Smith, *Investigación sobre la naturaleza y las causas de la riqueza de las naciones*, pp. 59-60.

capitalista, una economía que asigna los recursos escasos mediante el mercado, es un sistema, en términos de Smith, de "libertad natural".

En este sistema económico, la participación voluntaria de cada uno de los agentes económicos, con libre entrada y salidas de los mercados competitivos, permite que cada uno tienda a maximizar su propio bienestar y es en la búsqueda de tal objetivo que la cooperación que se genera en los mercados, lo que Smith denominó en la *Riqueza de las naciones* como la "mano invisible", permite que también se maximice el bienestar de la sociedad en su conjunto. El egoísmo individual y la cooperación en la sociedad a través de los mercados generan un juego de "suma positiva", uno en donde la sociedad en su conjunto gana.

Habiendo señalado lo anterior, es que es central analizar cuál es el papel del gobierno, tema que Smith analiza tanto en la *Riqueza de las naciones* como en sus *Lecturas sobre jurisprudencia*. Los individuos no actúan e interactúan en el vacío; sus acciones están limitadas por el arreglo institucional particular a cada sociedad. Tal como lo señala Douglass North: "Las instituciones son las reglas del juego en una sociedad o, más formalmente, son las limitaciones ideadas por el hombre que dan forma a la interacción humana. Por consiguiente, estructuran incentivos en el intercambio humano, sea político, social o económico."[15]

Sin duda, la principal función del gobierno es dotar a la sociedad de un conjunto de reglas formales: las leyes y los reglamentos, que definan eficientemente los derechos privados de propiedad y tiendan a promover que los mercados operen en un contexto de competencia. Además, también es función del gobierno garantizar estos derechos por medio de un poder judicial independiente e imparcial, evitando que las acciones individuales atenten en contra de los derechos de terceros.[16] Es papel del gobierno garantizar la vida y la propiedad en contra de actos de terceros.[17]

En las *Lecturas sobre jurisprudencia*, particularmente en la correspondiente a 1766, Smith señala que son cuatro los objetivos de la ley: justicia, policía, ingreso y

---

[15] Douglass North, *Instituciones, cambio institucional y desempeño económico*, México, FCE,1993, p. 13.

[16] Smith señala en el libro quinto, primer capítulo la *Riqueza de las naciones*, que: "Cuando el Poder judicial y el ejecutivo se mantienen unidos, es casi imposible que la justicia no se sacrifique con frecuencia a eso que vulgarmente se llama política. Las personas encargadas de los grandes intereses del Estado, aun cuando no estén corrompidas, imaginan, a veces, que es necesario sacrificar los derechos de los particulares a aquellos otros que se acaba de hacer mención. Ahora bien, de la administración imparcial de justicia dependen la libertad del individuo y el sentido que éste tenga de su propia seguridad. Para que el individuo se sienta perfectamente seguro en la posesión de cada uno de los derechos que le pertenecen, no solo es necesario que el Poder Judicial esté separado del ejecutivo, sino que, además, aquél a de poseer la máxima independencia posible respecto a éste. El juez no habrá de estar expuesto a ser removido de su cargo por capricho del Poder ejecutivo". A. Smith, *Investigación sobre la naturaleza y las causas de la riqueza de las naciones,* p. 639.

[17] Otras de las funciones que Smith le atribuye al gobierno son la provisión de bienes públicos y la educación pública para adultos.

ejército.[18] Señala que el objetivo de la justicia es garantizar la protección de los derechos de propiedad de cada uno de los individuos que componen la sociedad en contra de actos de terceros, sean otros individuos o el propio gobierno. Para Smith, un individuo puede resultar dañado "como hombre, como miembro de una familia, como miembro del Estado".

Según Smith, un individuo puede ser dañado en su persona (una lesión o incluso ser asesinado) así como en aquello que restrinja su libertad, además de que también puede ser afectado en su reputación por falsos testimonios. Smith denomina a los derechos individuales que salvaguardan su persona y su reputación como "derechos naturales" o *iura hominum naturalia*.

En segundo lugar, un individuo puede ser lesionado en patrimonio; Smith denomina el derecho a la propiedad como "derechos adquiridos" o *iura adventitia*, mismos que divide en reales y personales. En la primera categoría entran sus posesiones tales como su casa, muebles, etc. En la segunda caben derechos que pueden ser reclamados a través de un juicio, como son las deudas y los contratos mercantiles.

Siendo que la eficiente definición y protección de los derechos privados de propiedad es una condición indispensable para que una economía de mercado opere, una en donde se dé la cooperación voluntaria a través de la "mano invisible", es que Smith resalta la provisión de justicia como la principal función del gobierno.

Como menciona Smith en la *Teoría de los sentimientos morales*: "La sociedad puede mantenerse sin benevolencia, aunque no en la situación más confortable; pero si prevalece la injusticia, su destrucción será completa".[19]

En consecuencia, la impartición de justicia, la protección de los derechos privados de propiedad, desde la persona misma, hasta sus posesiones, se convierte sin duda en la función primordial del gobierno. Tal como afirma Smith, la justicia y la seguridad son la razón fundamental de un gobierno civil, mismo argumento que utilizó John Locke en su *Ensayo sobre el gobierno civil*: "Allí donde deja de administrarse justicia para la salvaguarda de los derechos de los individuos, y no queda dentro de la comunidad un poder que maneje la fuerza y provea a las necesidades públicas, no ha quedado realmente ningún gobierno".[20]

O tal como señaló John Stuart Mill en su ensayo *Sobre la libertad*: "La única razón por la cual el poder puede, con pleno derecho, ser ejercido sobre un miembro de una comunidad civilizada contra su voluntad, es evitar que perjudique a los demás".[21]

Leer a Adam Smith no sólo es importante sino también interesante. Con su libro *Investigación sobre la naturaleza y las causas de la riqueza de las naciones* nació un nuevo paradigma en la teoría económica. No hay duda que hay un antes de Smith y

---

[18] A. Smith, *Lectures on Jurisprudence*, Indianapolis, Liberty Fund, 1982, pp. 398-399.

[19] A. Smith, *La teoría de los sentimientos morales*, Madrid, Alianza, 2004, p. 183.

[20] John Locke, Ensayo sobre el gobierno civil, Gernika, 1996, p. 207.

[21] John Stuart Mill, *Sobre la libertad*, Madrid, Alianza, 2007, p. 68.

uno después de él. Su obra es el parteaguas. Haber puesto la libertad y la búsqueda de la maximización del bienestar individual por sobre cualquier otra cosa, en un contexto en el cual los individuos cooperan entre sí, sujetos a una determinada moral que limita sus actos, se constituye sin duda como la principal contribución de Smith no sólo al pensamiento económico, sino al progreso y desarrollo de la humanidad.

PABLO LARRAÑAGA*

Introducción

Hace mucho tiempo, antes del decreto del fin de la historia, en 1977, en el entorno de la celebración del bicentenario de la publicación de *Investigación sobre las naturaleza y las causas de la riqueza de las naciones*, el economista de la Universidad de Yale, Charles Lindblom, abría el prefacio de otro libro excelente, *Politics and Markets. The World's Political-Economic Systems* –permítanme enfatizar tanto el guión como el plural– de la siguiente manera:

> Junto con la diferencia entre su carácter despótico o liberal, la mayor distinción entre las formas de gobierno es el grado en el que el mercado reemplaza al gobierno o el gobierno reemplaza al mercado. Tanto Smith como Marx lo sabían. Por ello, en los sistemas de mercado, no menos en las economías dirigidas, ciertas cuestiones acerca de la relación entre el gobierno y el mercado están en el núcleo de la ciencia política y de la economía (Lindblom, 1977, p. ix).

Seguramente en 2007, al cumplirse treinta años de la publicación del libro de Lindblom, para muchos *Politics and Markets* resultaba tan pertinente –o, quizá, tan impertinente– para los reguladores, como la *Riqueza de las naciones*: se trataba de dos obras históricas –o, quizá mejor dicho, de historia de las doctrinas económicas–, pero en todo caso, textos mudos, petrificados, inútiles para la economía global del siglo XXI. El "pensamiento único" anulaba ambas aproximaciones por vías distintas, aunque convergentes: la Lindblom, porque su perspectiva comparativista asume la posibilidad

---

* Este texto se presentó originalmente con el título "Adam Smith. Un clásico de la regulación". Este trabajo desarrolla algunas ideas planteadas en Larrañaga (2009).

de un pluralismo de "modelos económicos" incompatible con la univocidad del triunfo del liberalismo-capitalismo; y la Smith –al menos, como veremos, a una cierta interpretación influyente de Smith– por considerarlo inapelable, ahistórico... irreversiblemente ideológico.

Pero, para mal... y para bien, en 2008 entramos en la que ha venido a denominarse la crisis. Y hoy, como no había ocurrido en los últimos sesenta años, se hace preciso pensar (re-pensar) nuestros arreglos institucionales fundamentales: las relaciones entre el gobienro y el mercado, que, en palabras de Lindblom, están en el núcleo de la ciencia política y la economía –y agrego, del derecho. Y para ello, qué duda cabe, es necesario levantar la mirada a nuestro horizonte intelectual: los clásicos.

De esta guisa, en las próximas páginas presentaré algunas ideas de Adam Smith aproximádome a él como una fuente "vigente" de la teoría de la regulación, recogiendo como sentido de este término la definición general que en la voz *regulation* formula Terence Daintith en la *International Encyclopedia of Comparative Law*: "[Regulación es] la forma en la que el derecho expresa, organiza o limita las relaciones entre el Estado y la economía en las sociedades de mercado" (Daintith, 1997, p. 3).

Así pues, si la connotación de la noción de regulación se refiere a una relación entre los órdenes político y económico, que la historia nos recomienda apreciar como un equilibrio inestable, resulta obvio que la percepción de la necesidad de la intervención regulativa depende, por un lado, de la idea que se tenga acerca de qué balance entre el orden político y el sistema económico es socialmente preferible y, sobre todo, por otro lado, de cuáles son sus posibilidades. Es decir, la expresión de este balance entre política y economía es particularmente importante para la regulación en lo que concierne a las formas de interacción y a los límites de la recíproca influencia entre los órdenes político y económico, a la luz de las *posibles* (variables, plausibles, etc.) fórmulas de coordinación socioeconómica para realizar ciertos objetivos sociales fundamentales de producción y distribución (Dahl y Lindblom, 2000).

Es sobre este balance, a la vez normativo y fáctico, sobre lo que Smith y Marx tienen mucho que decir. Pero como suele ocurrir con los pensadores que trascienden su tiempo, se trata de ideas complejas, incompatibles con una lectura epidérmica de sus problemas y de sus teorías.

A la luz de la advertencia anterior, en los próximos incisos me aproximaré de manera muy preliminar a algunos elementos de la teoría de la regulación de Smith por medio de tres niveles de discurso que van de mayor a menor abstracción o, si se prefiere, mediante tres círculos concéntricos que van de mayor a menor área discursiva.

En primer lugar, haré unos grandes trazos ideológicos para contextualizar la aportación de Smith a la tradición liberal-capitalista que opera como contexto o *background* del discurso de la regulación económica. En segundo lugar, delinearé algunos de los perfiles más elementales de la noción de economía política en Smith y, en general, en la Ilustración escocesa.

En tercer lugar, caracterizaré *grosso modo* el sentido en el que Smith entendía la posibilidad de integrar la economía política dentro de una "ciencia de la legislación", contrastando esta postura con la aportación intelectual de Bentham en este tema; pues como veremos, en mi opinión, con independencia de lo que se manifieste ideológicamente, es la postura del inglés, no la del escocés, la que ha operado como referente intelectual en la doctrina de la regulación en las últimas décadas.

Por último, en cuarto lugar, me referiré a la figura de Smith como un clásico "transversal" de aquella "ciencia social" casi olvidada, la "ciencia del legislador" que, desde mi punto de vista, conforma el complejo aparato teórico que haría posible una buena práctica de la regulación económica en las sociedades contemporáneas.

2. El liberalismo como "paradigma" del constitucionalismo económico

Como trasluce la definición de regulación a la que me refería antes, una asunción básica que subyace al discurso jurídico contemporáneo es la adopción de una concepción de un orden social, político y económico "genéricamente" liberal en el que, en una primera instancia, se reconoce una relativa autonomía de la sociedad civil respecto de la esfera política. Como consecuencia de ello, en una segunda instancia, la regulación –en el sentido apuntado antes– articula la relación entre las esferas económica y política mediante la gestión de problemas de coordinación que son configurados, fundamentalmente, como una cuestión de un equilibrio necesario entre la coordinación centralizada y autoritativa del Estado *vis à vis* con la coordinación espontánea y descentralizada del mercado.

Por ello, para aproximarse a Smith como un clásico de la regulación, es propicio partir de la "ideología liberal-capitalista" respecto del orden social y, en particular, respecto de la relación entre el Estado (política) y la economía (sociedad civil), como "paradigma" o telón de fondo del discurso de la regulación. Entendiendo, desde luego, el término "ideología" en el sentido de concepción o visión del mundo (*Weltanschauung*), en la línea en que ha sido explorada por Ferdinand Braudel e Immanuel Wallerstein, quienes en sus respectivas obras monumentales han llevado a cabo al tratamiento más amplio como "visión del mundo" que conozco (Braudel, 1979, y Wallerstein, 1974), y no en el sentido crítico, denunciativo o desenmascarador del término en la tradición marxista.

Y si bien es cierto que, como categoría histórica, política, económica, sociológica, etc., el liberalismo-capitalismo es una categoría muy difícil de acotar con precisión, creo que siguiendo a Harold Laski en su *The Rise of European Liberalism. An Essay in Interpretation* se puede esbozar la ideología liberal-capitalista de manera esclarecedora, a la vez como una doctrina y como una forma de pensar la sociedad que contiene los rasgos fundamentales de la forma en la que se concibe la regulación en las sociedades contemporáneas.

Para Laski, en su dimensión doctrinal, liberalismo

...está relacionado, sin duda, con la libertad; ya que surgió como enemigo de los privilegios de clase dentro de la comunidad por virtud de nacimiento o credo [...] Casi desde
el inicio de su historia ha procurado limitar el ámbito de la autoridad política confinando
los asuntos del gobierno dentro del marco del principio de constitucionalidad. Consecuentemente, ha intentado definir de manera bastante consistente un sistema de derechos fundamentales que el Estado no puede invadir [...] ha procurado respetar, cuando
le ha sido posible, las exigencias de la conciencia imponiendo a los gobiernos el deber
de guiar su actuación mediante reglas y no por su discreción. Pero el ámbito de la conciencia se ha estrechado por su consideración a la propiedad y su celo por la *rule of law*
se ha atemperado por la discrecionalidad en el momento de su aplicación [...] Ha sido
favorable al autogobierno representativo [...] Ha apoyado el ideal de la autodetermina-
ción. Por regla general, pero en absoluto universal, ha estado atento al las exigencias
de las minorías y a su derecho de libre asociación (Laski 1947, pp. 15 ss.).

Y en lo que respecta a la concepción liberal de la organización social, sostiene
que

...su tendencia ha sido escéptica. Siempre ha tenido una actitud negativa respecto de
la acción social [...] Esto es, siempre ha visto en la tradición y la uniformidad un ataque
contra el derecho de los individuos a hacer de sus afirmaciones y opiniones una regla
universal cuya obligatoriedad no depende de la aceptación de la autoridad, sino porque
su inherente validez asegura el libre consentimiento de otros [...] Tiende a ser subjetivo
y anarquista, congratulándose del cambio proveniente de la iniciativa individual, e insis-
tiendo en que esa iniciativa contiene en sí misma cierta simiente necesaria para el bien
social. Consecuentemente, siempre ha tendido a plantear una antítesis (por lo general
inconsciente) entre la libertad y la igualdad. Ha visto ese énfasis, en primer lugar, en la
acción individual por la que siempre está atento y, en segundo término, en el producto
de la intervención de la autoridad cuyo resultado, desde su perspectiva, es una limitación a la personalidad individual (*Idem*).

Así pues, en mi opinión, puede aceptarse sin demasiados problemas que tanto la
doctrina como la concepción de la organización social esquematizadas en los párrafos anteriores operan como *background* del discurso contemporáneo respecto de la
relación entre el Estado y la economía. En este sentido, sus elementos normativos,
institucionales e ideológicos pueden darse por sentados como coordenadas elementales del constitucionalismo económico en el que se circunscribe la práctica de la regulación en los Estados modernos.

Ahora bien, este encuadre normativo-institucional no implica, desde luego, que
considere que no pueden adoptarse otras perspectivas normativas respecto de la re-

lación entre el poder político y el poder económico, en general, o entre las democracias constitucionales y el capitalismo de mercado, en particular. Como he apuntado, soy un partidario del pluralismo de modelos político-económicos. La cuestión –que no podemos tratar ahora– sería establecer qué modelos funcionan y cuáles no, pero en todo caso, se trata de un problema empírico, no teórico ni, desde luego, centralmente normativo.

Adoptar una aproximación liberal al orden sociopolítico tampoco supone adherirse a la doctrina del liberalismo económico en el sentido de la política económica conservadora de *laissez faire* o lo que contemporáneamente, si bien equívocamente, se conoce como neoliberalismo. Como ya indicaba, rechazo la univocidad determinista del pensamiento único y, desde luego, cualquier versión del fin de la historia.

No obstante, como he señalado, el *background* al que me refiero conlleva una aproximación liberal mínima que creo que puede decirse que prevalece en la organización de las sociedades contemporáneas en las que podemos hablar de un capitalismo razonablemente bien "domesticado" –pienso, por ejemplo, en el modelo escandinavo o en el modelo canadiense. Es este liberalismo mínimo el que se sustancia en el ámbito económico mediante el reconocimiento de una relativa autonomía de la esfera económica *vis à vis* con el poder político y, más concretamente, en la organización de las economías como órdenes de mercado. De este modo, en la esfera económica esta separación se manifiesta, por ejemplo, en privilegiar la actividad económica individual y de las organizaciones privadas como motor de producción y en que, en términos generales, se consideren *prima facie* legítimos los efectos distributivos del mecanismo de mercado. Por otra parte, en la esfera jurídica estos consensos se expresan mediante el reconocimiento y la protección de derechos de propiedad, de seguridad económica, de libertad de asociación con fines de lucro, etc.; pero sobre todo, en el ámbito concreto de la regulación económica, la manifestación por antonomasia de esta ideología liberal se expresa la exigencia constitucional básica de que, en tanto instancia de interferencia en la autonomía privada, la legitimación de la actividad regulativa depende sustancialmente de la presencia de exigencias u objetivos de interés público y, formalmente, de su compatibilidad con procesos característicos del Estado de derecho, radicados en el procedimiento administrativo y en su control de constitucionalidad.

Desde luego, habría mucho que discutir en torno a cómo interpretan las distintas corrientes del liberalismo este "mínimo común denominador". Entre otras cosas, por ejemplo, habría que diferenciar entre la tradición liberal que une a Smith, Mill y Hayek, y la corriente que, principalmente en el discurso político de Estados Unidos, se conoce como *liberal*, y que se opone, al menos parcialmente y con significativas variaciones, a la representada por estos autores –y que genealógicamente puede asociarse a las políticas públicas de "izquierda" características de la socialdemocracia europea. No es éste, sin embargo, el contexto para entrar en una disquisición sobre las corrientes liberales del constitucionalismo económico que, por otra parte, me temo que es difícil de aclarar en pocas palabras. Lo que me interesa enfatizar ahora es que, con independencia de la pertinencia de una distinción entre Estado liberal y Estado social,[1] y entre liberalismo político y liberalismo económico,[2] en lo que respecta a la descripción del discurso contemporáneo en torno a la relación entre el Estado y la economía hay que partir de las categorías básicas del orden social y político liberal y, en particular, de la idea de un constitucionalismo económico como limitación del poder político y como garante de la protección de una esfera privada sobre la base de derechos y libertades fundamentales.

Tomando en cuenta lo que acabo de decir, no es de extrañar que estas propiedades de los sistemas regulativos de las sociedades de mercado y, particularmente, su carácter inherentemente deficitario, haya estado en el centro de las preocupaciones de la teoría social y, en buena medida, de la filosofía jurídica, moral y política al menos desde el siglo XVII. A partir de este reconocimiento, parece lógico, en primer lugar, que una historia de las ideas respecto del orden político-económico "correcto" no pueda llevarse a cabo sin tener en cuenta la propia historia del proceso de escisión del discurso jurídico respecto del marco general de la gestión social y, más concretamente, del proceso de separación del discurso regulativo (jurídico) respecto de la economía política. Y como consecuencia de ello, en segundo lugar, que parezca indefectible prestar una especial atención a los efectos de las ideas respecto de las tareas de la ciencia jurídica en contraposición con aquéllas de la ciencia económica. Veamos el primer punto.

3. El alcance de la economía política de Smith

Como apuntaba, la cuestión de la intervención del poder político en la economía y, en particular, su injerencia en el mercado, era ya el asunto central de la economía política cuando, en el marco de la entonces conocida como "ciencia de la legislación", en 1776 Adam Smith publicara su *"very violent attack [...] upon the whole commercial system of Great Britain"*; ataque mejor conocido como *Investigación sobre el origen y las causas de la riqueza de las naciones* (Hakkonssen, 1981).

Así pues, desde la perspectiva del desarrollo histórico del "paradigma" liberal, la "ciencia del legislador" reflejaba las necesidades de la sociedad burguesa que emerge en el siglo XV, que se consolida en el siglo XVI y que llega a su máximo esplendor en el siglo XIX, por lo que no resulta sorprendente encontrar entre sus fundadores a Maquiavelo, ni tampoco reconocer en su impulso a través de la influencia de Montes-

---

quieu y Voltaire en los ilustrados escoceses (Hirschman, 1997). Tampoco es de extrañar, por otra parte, que sus aspiraciones y su concepción del orden social se refleje en lo que para muchos constituye la quintaesencia del pensamiento liberal: "el sistema de libertad natural" de Adam Smith.

En este orden de ideas, la importancia particular del pensamiento de Smith en la consolidación del *background* ideológico de la regulación capitalista ha sido reconocida por tirios y troyanos. Por ejemplo, desde el laborismo, el propio Laski escribía:

En cierto sentido quizá sea cierto que Adam Smith completa una evolución continua desde la Reforma en la que la Iglesia es sustituida por el príncipe como fuente de las normas que regulan la conducta social. Locke y su escuela sustituyeron al príncipe por el Parlamento ya que éste era más adecuado para apoyar sus propósitos sociales. Adam Smith fue un paso más allá añadiendo que, con pocas excepciones, no había necesidad de que el Parlamento interfiriera en absoluto (Laski 1947, p. 180).

Ahora bien, la propia concepción de Smith acerca de la economía política como rama de la ciencia del legislador y, más concretamente, del papel de ésta en el "sistema de libertad natural" y en su "jurisprudencia natural", dista mucho se ser simplista y llega a resultados bien distintos de la "prescripción" de la abstención general del Estado que suele atribuirle la *conventional wisdom* expresada en la cita anterior (Haakkonssen, 2006), (Fitzgibbons, 1995) y (Teichgraeber, 1986).

Así, por ejemplo, en la *Riqueza de las naciones* [1776] escribe:

La economía política, considerada como una de las ramas de la ciencia del legislador o del estadista, se propone dos objetos distintos: primero, suministrar al pueblo un abundante ingreso o subsistencia o, siendo más precisos, *habilitar a sus individuos y ponerles en condiciones de lograr por sí mismos ambas cosas; segundo, proveer al estado o la república de rentas suficientes para los servicios públicos* (Smith, 1979, Libro IV, Introducción. Cursivas mías).

Y en la *Teoría de los sentimientos morales* [1759], a propósito de la importancia de las reglas de la moral práctica para nuestros arreglos institucionales, escribe:

Podría esperarse que las reflexiones de los juristas acerca de las distintas imperfecciones y la mejora de las leyes de los distintos países debieran dar lugar a una investigación sobre cuáles son las normas de justicia natural con independencia de cualquier institución positiva. Podría esperarse que esas reflexiones condujeran a la pretensión de un sistema de lo que podría llamarse con propiedad jurisprudencia natural, o una teoría de los principios generales por los que deben guiarse y que sirven como fundamento a las leyes de todas las naciones (Smith, 1976, Libro VII, cap. IV, § 37).

Y en sus *Lecciones de jurisprudencia* (existen dos "reportes", 1762-63 y 1766) señala: "La jurisprudencia es la teoría de los principios generales del derecho y del gobierno. Sus cuatro grandes objetos son la justicia, las políticas, el ingreso y la defensa" (Smith, 1978, Reporte de 1766, Introducción).

Como ha señalado Neil MacCormick, en los estudios sobre jurisprudencia de Smith –en particular, como apunta el párrafo citado anteriormente, en los relativos a *las políticas*– se encuentra en estado embrionario el contenido de la *Riqueza de las naciones*.[3] Por ello, su lectura fuera del contexto del conjunto del sistema filosófico (moral y jurídico) de Smith, puede conducir a graves distorsiones de sus ideas acerca de correcto –o preferible– balance –o equilibrio– entre el Estado y la economía (MacCormick, 1982).

No obstante, a pesar de esta llamada a la mesura, de esta invitación a evitar juicios apresurados sobre el complejo sistema de pensamiento de Smith, con énfasis tan apologéticos como distorcionadores que seguramente el propio Smith no hubiera aceptado sin introducir diversos y significativos matices, James Buchanan ha escrito, con resonancias idiosincráticas que no cuesta trabajo identificar:

> Me disculpo por insistir en principios básicos de la economía que puede parecer o que insultan su inteligencia o que están demasiado alejados como para tener relevancia práctica. Sostengo, sin embargo, que estos principios son ignorados, olvidados, o deliberadamente violados en gran parte de lo que se considera la *conventional wisdom* en nuestra profesión. Creo que muchos economistas no saben de lo que están hablando o, más caritativamente, que hablan sobre cuestiones que se encuentran muy alejadas *de los orígenes y de la historia de nuestra disciplina científica*. Adam Smith marcó sus límites. Hemos considerado como nuestra tarea asignada entender y explicar cómo una economía genera patrones de orden que incorporan la satisfacción de nuestros objetivos sin requerir ni benevolencia por parte de los actores económicos ni la dirección política explícita de los agentes políticos. *El principio de coordinación espontánea del mercado es el principio de nuestra disciplina* (Buchanan, 1991, pp. 21 ss. Cursivas mías).

Así pues, una aproximación no trivializada al sentido de la metáfora de la "mano invisible" y, en mi opinión, más coherente con el conjunto de la filosofía moral y social de Smith, muestra que esta "imagen" debe interpretarse en un sentido meramente pedagógico o didáctico, y con un propósito claramente retórico en el contexto "político" de la obra: "the very violent attack" a las doctrinas mercantilistas que dominaban el sistema comercial britanico en el siglo XVIII.

---

[3] De hecho, la edición de las *Lectures on Jurisprudence* a cargo de P. H. Meek, D. D. Raphael y de P.G. Stein (Smith [1962-3-1766] 1978), incluye un apéndice con "An Early Draft of Part of The Wealth of Nations" descubierto y publicado por W. R. Scott, y que fue interpretado por estos estudiosos como un esfuerzo preliminar y tentativo por exponer los "contenidos económicos" de sus lecciones de jurisprudencia en la forma de un libro "especializado".

Adam Smith utiliza su célebre metáfora para referirse a un mecanismo elemental de coordinación social: las consecuencias no intencionales de las acciones intencionales. Y hay que señalar que, en la teoría de Smith, se trata de un "mecanismo" moralmente natural, cuyo valor o virtud depende enteramente de sus consecuencias; por lo que, a su vez, el valor o virtud de sus condiciones de posibilidad institucionales dependen de la relación meramente instrumental entre condiciones y consecuencias. Ésta es, en mi opinión, la estructura del argumento general de la *Riqueza de las naciones* a propósito de la relación entre división del trabajo, mercado y riqueza, pero no puedo detenerme ahora en ello.

Como sugerentemente ha sostenido Emma Rothschild en su excelente libro *Economic Sentiments. Adam Smith, Condorcet, and the Enlightment,* en una lectura a la luz del conjunto del sistema filosófico de Smith se puede mostrar que el propio filósofo escocés no sentía particular aprecio por la "mano invisible" como mecanismo de coordinación (Rothshild, 2001), sino que consideraba a las consecuencias no intencionales de las acciones intencionales una, entre otras, posible forma de coordinación social, bien lejos respecto de su valor moral de la simpatía o lo que hoy llamaríamos "solidaridad" (Broadie, 2006, y Shaver, 2006).

Dicho brevemente, en una aproximación amplia de su sistema de pensamiento, la metáfora smithiana de la mano invisible debe ser interpretada sobre la base de su propósito contingente dentro de la *Riqueza de las naciones*: persuadir al legislador de que conseguiría sus propios objetivos –los objetivos de la sociedad o, dicho en términos contemporáneos del discurso de la regulación: el interés público– si permitiera que los agentes individuales utilizaran su capital de la manera que consideren más ventajosa. Es decir, persuadir al Parlamento británico de abandonar los resabios mercantilistas en su política económica, y particularmente, en su política comercial-colonial que, con buen olfato como puede cotejarse en la expansión de la economía británica en el siglo XIX, Smith veía como un obstáculo del eventual "origen y causa" de riqueza.

Éste es, pues, el sentido limitado que parece razonable circunscribir la pertinencia de la metáfora de la "mano invisible" dentro de la "teoría de la regulación" de Smith. Por ello, no está de más recalcar que para el filósofo, jurista y economista escocés –y para otros muchos liberales, entre los que me incluyo–, la "mano invisible" requiere buenas instituciones y de buenas normas. Como diría Lionel Robbins, en las economías realmente existentes la "mano invisible" es: "la mano del legislador, la mano que retira de la esfera de la persecución del autointerés aquellas posibilidades que no es posible armonizar con la persecución del bien público" (Robbins, 1952, 56).

Ahora bien, para ayudar a "recolocar" el pensamiento de Smith en su dimesión de un clásico, es decir, al Smith en "su" tiempo en relación con el "nuestro" (Muller, 1993), es necesario mirar, aunque sea brevemente, al periodo del pensamiento jurídico anglosajón que va de finales del siglo XVIII a mediados del XIX. En particular, creo que es importante destacar la "revolución" acaecida a propósito del carácter "científico" de las doctrinas acerca de las funciones de las normas e instituciones jurídicas en el buen gobierno, en concreto a la magnitud de esta transformación radical, reflejada en la distancia que media entre las doctrinas de dos autores especialmente significativos en la historia de las ideas respecto de la injerencia del poder político en los asuntos económicos, Adam Smith y Jeremy Bentham. Veamos, pues, este segundo punto.

4. Dos concepciones de la "ciencia del legislador": Smith y Bentham

Aunque la ciencia del legislador "ya no aparezca en los modernos mapas del conocimiento" (Loughlin, 1992, p. 4), y a pesar de que a lo largo del siglo XIX el *sistema de libertad natural* de Smith –del que, hay que insistir, la *Riqueza de las naciones* pretendía ser sólo una aportación marginal– se parcelara en contenidos "propios" de la sociología, de la historia, de la filosofía y del derecho, con límites técnicos cada vez más precisos, dentro de los cuales la nueva "ciencia" de la economía a la vez que consolidaba su pretensión de neutralidad y ganaba en autonomía metodológica, abandonaba su vertiente institucional y se apartaba de los métodos de carácter histórico y sociológico, la necesidad de pensar en términos filosóficos en torno a las instituciones económicas de una "buena sociedad" sigue siendo vigente.

Por ello, quizá merezca la pena traer a colación el lamento de Robert Dahl y Charles Lindblom cuando en el prefacio de la edición de 1953 de *Politics, Economics and Welfare* escribían:

> Es una pena que la expresión "economía política" no pueda usarse hoy en día sin conjurar los fantasmas de Smith, Ricardo o los Mill [...] Aunque las economías modernas son muy distintas a las descritas de manera tan neutral por los economistas clásicos y de manera tan amarga por Dickens y Marx, es un hecho que [...] la vida económica en el mundo actual constituye una economía *política*. La confusión zumbona que nos envuelve es el inconfundible ruido hogareño de una sociedad en la que la economía está casada, si bien sólo por lo civil, con la política. No obstante, en la teoría formal contemporánea la política y la economía se suelen mirar como primos distantes que no se hablan entre sí (Dahl y Lindblom, 2000, p. XLIX).

En un entorno teórico bien distinto a este escenario de desavenencias, para Smith y, en general, para el proyecto de la Ilustración escocesa, la "ciencia del legislador" consistía en un estudio de índole histórico-evolutivo dentro de lo que entonces se consideraba la esfera común de los asuntos públicos. En él se manifiestaba claramente la huella de Montesquieu y del empirismo-psicologismo humeano, así como cierta distancia frente a la tradición "racionalista" del liberalismo inglés y su recurso al contrato social en Hobbes y Locke.

Como ha señalado Martin Loughlin, para esta corriente, la ciencia del legislador es una rama de estudio "...dentro de la esfera del pensamiento social, político y jurídico, cuyo objeto era trazar las conexiones entre distintas facetas del carácter social como la propiedad, las opiniones, los usos y la justicia, para derivar de ello conclusiones generales" (Loughlin, 1992, p. 4).

En contraste con la "corriente escocesa", para Bentham, la "ciencia del legislador" no era un empresa de carácter preeminentemente histórico dirigida a establecer la "constitución" moral y política de la sociedad, sino un contexto para la aplicación del utilitarismo como filosofía social. Como consecuencia de ello, la función de esta "ciencia" no era informar al legislador sobre la complejidad del mundo y, sobre todo, sobre la multiplicidad de motivaciones humanas que tanto ocupó a Hume y a Smith, sino prescribir lo que desde la perspectiva universalista de un "ciudadano del mundo" *debía* hacer a la luz del sistema clasificatorio utilitarista (Laval, 2007; Schofield, 1998, y Postema, 1986).

Sirva de muestra del talante benthamiano la siguiente cita tomada del prefacio de su *Fragmento sobre el gobierno* publicado, curiosamente, el mismo año que la *Riqueza de las naciones*, 1776:

La era en que vivimos en una época inquieta, en la que el conocimiento avanza rápidamente hacia la perfección. El mundo natural, en particular, parece rebosante de descubrimientos y mejoras. Que las regiones más recónditas de la tierra sean recorridas y exploradas, y que el elemento más sutil y vivificante del aire haya sido recientemente analizado y presentado a nuestro conocimiento, son evidencias manifiestas, entre otras que están por llegar, de esta feliz verdad.

Lo correspondiente en la moral al *descubrimiento* y el *mejoramiento* en el mundo natural es la *reforma*. A pesar de que la idea común de que en el mundo moral no queda lugar para el *descubrimiento* pudiera resultar verdadera, quizá no sea ese el caso: pudiera ser que entre las observaciones adecuadas para fundamentar las reformas hubiera algunas que, bien por no haber sido analizadas plenamente, bien por no haberlo sido en absoluto, cuando llegan a efectuarse merecerían ser llamadas descubrimientos. Con un método y una precisión tan escuetos ha sido como hasta ahora se ha desarrollado el axioma fundamental: *la medida de lo correcto y de lo incorrecto es la mayor felicidad de mayor número* (Bentham, 1998, p. 3)

Así, paradójicamente, sobre estos supuestos, el desarrollo del instrumental analítico de la ciencia económica –de la que, como veíamos, según Buchanan, Smith marcó los límites– contribuyó en no poca medida al relativo "fracaso" del complejo proyecto intelectual del filósofo escocés.

Aunque no a través de jurisprudencia censoria, como quizá habría esperado el propio Bentham, sino mediante la impronta del consecuencialismo en el pensamiento económico emergente, el utilitarismo como filosofía "social" –con la invaluable colaboración de Mill en el ámbito de la economía política–, no sólo marcó al liberalismo decimonónico, sino que mediante la absorción del principio de utilidad en la economía del bienestar sigue influyendo en las políticas regulativas, fundamentalmente por medio de las doctrinas dogmáticamente "desreguladoras" que dominan el diseño de las estrategias de "competitividad".

En relación con el tema que nos ocupa, el desarrollo y la transformación de la ciencia de la legislación en las primeras décadas del siglo XIX supone un giro de 180° respecto de las posibilidades del diseño social o, quizá mejor dicho, respecto de las capacidades del legislador o del agente regulador para diseñar e implementar instituciones idóneas para realizar los fines sociales.

Esta trasformación puede verse como el tránsito desde la *desconfianza* del liberalismo smithiano/humeano en las capacidades humanas para diseñar un orden que responda a la gran variedad de motivaciones humanas y que prevea adecuadamente la gran variedad de circunstancias futuras –de aquí el recurso necesario a las consecuencias no intencionales como mecanismo de coordinación social reconocido por la Ilustración escocesa y explorado sistemáticamente años más tarde por la escuela austriaca y, en particular, por la aportación de Hayek– a la *actitud confiada* del liberalismo decimonónico que, sobre la base del principio universal de la utilidad, y su consecuente fe en el legislador como agente promotor del bienestar social, postula axiomas universales de legislación en los términos planteados en la cita anterior de Bentham.

Las anteriores ideas se sintetizan en el lamento de Neil MacCormick cuando señala que, aunque

...la reflexión moral benthamiana sobre la base del principio de utilidad nunca aspiró al nivel de la discusión sobre el derecho natural y la racionalidad en la ética de los moralistas escoceses, desde entonces [desde el asenso del utilitarismo como moral pública, PLM] los esfuerzos de estos últimos por explicar el desarrollo de los órdenes jurídicos dentro de teorías de la economía y de la sociedad han sido desatendidos (MacCormick, 1982, p. 103).

Y en esta misma línea de ideas, en franco contraste con el carácter axiomático del utilitarismo, el historiador de las ideas económicas, Phyllis Deane, nos recuerda que

...El "sistema económico de libertad natural" que Smith plantea en la *Riqueza de las naciones* no tenía la pretensión de ser una descripción precisa del modo en que funcionaba la economía moderna, sino que, por el contrario, se trataba de una abstracción, una condición a no perder de vista más que una meta a alcanzar. Su preocupación era que los estadistas intentaran imponer sus propios planes para el desarrollo económico con la ignorancia de ese "plan divino" [*i.e.*, del sistema de libertad natural, PLM] (Deane, 1993, pp. 67 ss.)

Por ello, ya en su *Teoría de los sentimientos morales* –el libro central de su sistema filosófico– Smith ya había manifestado esta preocupación por la reducción de las motivaciones humanas a un conjunto limitado impulsos, cuando critica el "hombre de sistema", que con su propio plan de gobierno

> ...parece pensar que puede organizar a los diferentes miembros de una sociedad con tanta facilidad como la mano organiza las distintas piezas en un tablero de ajedrez, creyendo que las piezas del tablero no tienen otro principio de movimiento que su propia mano. Pero en el gran tablero de la sociedad humana, todas y cada una de las piezas tienen sus propios principios de movimiento totalmente distintos del que el legislador pudiera decidir imponerles. Si estos principios coinciden y actúan en la misma dirección, el juego de la sociedad humana continuará fácil y armoniosamente, y muy probablemente será feliz y próspero. Pero si son opuestos o distintos, el juego continuará miserablemente y la sociedad estará continuamente en el mayor grado de desorden (Smith, 1976, Libro VI, cap. II, §17)

Dicho muy brevemente, la distancia que media entre las concepciones de la legislación de Smith y de Bentham no sólo tiene interés para el historiador del derecho o del pensamiento jurídico, sino que es particularmente relevante para una teoría normativa de la regulación. Estas concepciones de la posibilidad de la racionalidad o, mejor dicho, de las formas de la racionalidad en la conducción de los asuntos humanos, ilumina el contraste entre dos grandes filosofías del derecho público, en general, y de la regulación, en particular. Pues en este contraste se reflejan los presupuestos epistémicos respecto de la posibilidad de "conocer" el bienestar público y de establecer mediante algún "sistema" los criterios universales para responder al problema de cómo *debe* organizarse la sociedad, como, por ejemplo, el sistema de la utilidad de las consecuencias en términos de placer o dolor de Bentham o, más contemporáneamente, el consecuencialismo implícito en la economía de bienestar.

5. Adam Smith: un clásico sin *pedigree*

Como he apuntado, a lo largo del siglo XIX la economía política y el derecho fueron dilatando cada vez más sus nexos fundacionales, enclaustrándose progresivamente dentro de límites metodológicos cada vez más rígidos y dedicando cada vez más energía a la delimitación excluyente de sus respectivos ámbitos "científicos".

De este modo, siguiendo la misma tendencia que las demás ciencias sociales a lo largo del siglo XIX y de buena parte del XX, las relaciones entre las pretensiones de "cientificidad" y de "neutralidad" de la economía se vieron reforzadas por el espíritu "positivista" que impulsó un proceso aislacionista. Ben-Ner y Putterman han sintetizado en los siguientes términos:

Que los economistas neoclásicos consideraran los valores como algo ajeno puede resultar natural dado el espíritu positivista de sus impulsores. Robbins consideraba la economía como la ciencia de las relaciones medio-fin donde la elección del fin (preferencias) no era tenida en cuenta. Y cuando la "mano invisible" de Adam Smith se reveló en la teoría del equilibrio general, su manifestación fue la del vector de los precios apoyando una asignación óptima de recursos, dando por sentadas las preferencias, la tecnología, las asignaciones e, incluso, la estructura de los derechos de propiedad y las instituciones. *De gustibus non disputandum est* y, *a fortiori, de moribus* ya que la economía se había convertido en la ciencia de la predicción y la constatación, y los enunciados valorativos son inherentemente no susceptibles de falsación. Asumir que el comportamiento se basa en el autointerés; explorar a dónde conduce por medio del razonamiento deductivo y de las matemáticas, y contrastar los resultados utilizando datos provenientes de elecciones observables, se convirtió en el Tao de la profesión económica (Ben-Ner y Putterman, 1998, p. 3).

Y como quizá no podría ser de otra manera, el paralelismo entre las pretensiones de la ciencia económica y del método jurídico es notorio, pues, como es bien sabido, en el caso del derecho la obsesión por el estatus científico del método jurídico marcó el desarrollo del pensamiento jurídico de los siglos XIX y XX: los "formalismos".

Pocos pueden haber sido más elocuentes que Kelsen, a propósito de este objetivo, cuando en el prólogo de la *Teoría pura del derecho* escribe:

Han trascurrido más de dos décadas desde que emprendiera la tarea de desarrollar una teoría jurídica pura, es decir: *una teoría del derecho purificada de toda ideología política y de todo elemento científico-natural, consistente de su singularidad en razón de la legalidad propia de su objeto.* Desde el comienzo mismo fue mi objeto elevar la ciencia del derecho, que se agotaba casi completamente –abierta o disimuladamente– en una argumentación jurídico-política, al nivel de una auténtica ciencia, de una ciencia del espíritu. Correspondía desplegar sus tendencias orientadas, *no a la función configuradora de su objeto,* sino exclusivamente al conocimiento del derecho, para acercarla, en la medida de que fuera de alguna suerte posible, al ideal de toda ciencia: objetividad y exactitud (Kelsen, 1986, p. 9. Cursivas mías).

Es indudable que el engarce entre los presupuestos de la conducta económica basada en autointerés –el recurso a la interpretación descontextualizada de la metáfora de la "mano invisible" al que remite Buchanan– y el método de la ciencia de la economía "positiva" sigue siendo vigente y, por cierto, predominante en el *main stream* de la ciencia económica (Friedman, 2001, y Rosenberg, 2001). Sin embargo, en la literatura contemporánea, Amartya Sen, entre otros, ha insistido de manera convincente en la importancia de desvincular la posibilidad del análisis económico de una interpretación reduccionista de las ideas originales de Smith acerca de las motivaciones del comportamiento económico y la idea de la justicia (Sen, 2009, y Rothshild y Sen, 2005). En este orden de ideas, como nos recuerda Fitzgibbons en su libro *Adam Smith's System of Liberty, Wealth, and Virtue. The Moral and Political Foundations of the Wealth of Nations*, el objeto central de esta obra era mostrar que el respeto a las virtudes cardinales puede suponer, a un tiempo, la posibilidad de generar crecimiento económico y de contener los efectos destructivos que conlleva la creación de riqueza. Según este autor, para Smith la virtud fundamental de la justicia conmutativa recomendaba la libertad económica, pero otras virtudes también tenían un papel fundamental; la prudencia era necesaria para motivar el ahorro y la acumulación del capital, pero la benevolencia y el autocontrol contrapesaría a la alienación que conlleva la vida comercial y su indiferencia respecto de valores más elevados. Era, pues, en este equilibrio en el que Smith basaba su conclusión de que las ricas sociedades liberales podrían ser estables sólo en la medida en la que fomentaran una versión liberal de la virtud (Fitzgibbon, 1995, p. 139 ss.).

En otro orden de ideas, aunque por vía paralela, a pesar de la inexplicable fascinación que sigue ejerciendo la concepción kelseniana de la ciencia jurídica en el ámbito mexicano, es ya una minoría la que sostiene que el normativismo es de particular utilidad para "explicar" los complejos fenómenos jurídicos contemporáneos y, más particularmente, para proveer de un esquema de interpretación de la actividad teórica de quienes nos dedicamos a reconstruir el funcionamiento de las instituciones en el complejo universo de las motivaciones de la conducta económica. Es alentador que en las últimas décadas el neoinstitucionalismo haya reabierto vías de comunicación entre la economía y las demás ciencias sociales, y en particular, con el derecho; mostrando, por ejemplo, los distintos modos en los que la racionalidad económica presupone una estructura institucional y cómo las instituciones jurídicas introducen y refuerzan tendencias a favor de ciertos agentes e interacciones económicas y en perjuicio de otras. Sin embargo, me temo que los tiempos no están todavía maduros para que las corrientes dominantes en las teorías económica y jurídica asuman sus inherentes limitaciones, aceptando que sus respectivos enfoques particulares respecto del "correcto balance" entre política y economía, responden únicamente a la necesaria división del trabajo y la inevitable especialización ante problemas enormemente complejos.

Dicho brevemente y a manera de conclusión. En mi opinión, lamentablemente todavía nos falta un largo trecho para reconocer que Smith no estaba errado cuando en sus *Lectures on Jurisprudence* trataba las cuestiones de *autoridad* y de *utilidad* bajo un mismo rótulo: "Original Principles of Government". Falta todavía tiempo, me temo, para reconocer que cuando hablamos de Smith no se trata de un clásico suyo (de los economistas) ni, desde luego, nuestro (de los juristas), sino un clásico de la regulación: un clásico sin *pedigree*, como los perros callejeros y los buenos regula-dores: mestizos, resistentes y… tristemente, menos atendidos de lo que merecen.

Bibliografía

Ben-Ner, Avner y Louis Putterman (1998), "Values and Institutions in Economic Analysis", en A. Ben-Ner y L. Putterman (eds.) (1998), *Economics, Values and Organizations*, Cambridge, Cambridge University Press.

Bentham, Jeremy (1998), *A Frangment on Government,* Cambridge, Cambridge University Press

Berliner, Joseph (1999), *The Economics of the Good Society*, Oxford, Basil Blackwell.

Braudel, Ferdinand (1979), *Civilistion matérielle, économie et capitalisme*, 3 vols., París, Armand Colin.

Broadie, Alexander (2006) "Simpathy and the Impartial Spectator", en K. Haakonssen (ed.) (2006), pp. 158-188.

Buchanan, James (1991), *The Economis and Ethics of Constitutional Order*, Ann Arbor, The University of Michigan Press.

Dahl, Robert y Charles Lindblom (2000), *Economics, Politics & Welfare*, Nwe Brusnwick, Transition Books.

Daintith, Terence (1997), "Regulation", *International Encyclopedia of comaprative Law,* vol. XVII, núm. 10, Dordrecht, Martinus Nijhoff Publishers.

Deane, Phyllis (1993), *El Estado y el sistema económico*, Barcelona, Crítica.

Esping-Andersen, Gøsta (s/a), *The Three Worlds of Welfare Capitalism*, Princeton, Princeton University Press.

Fitzgibbons, Athol (1995), *Adam Smith's System of Liberty, Wealth, and Virtue. The Moral and Political Foundations of The Wealth of Nations*, Oxford, Oxford University Press.

Friedman, Milton (2001), "The Methodology of Positive Economics", en M. Martin, L. McIntyre (eds.) (2001), pp. 647-660.

Haakonssen, Knud (ed.) (2006), *The Cambridge Companion to Adam Smith,* Cambridge, Cambridge University Press.

__________ (2006), "The Coherence of Smith's Thought", en K. Hakkonssen (ed.) (2006), pp. 1-21.

__________ (1981), *The Science of a Legislator. The Natural Jurisprudence of David Hume & Adam Smith*, Cambridge, Cambridge University Press.

Hardin, Russell (2005), *Liberalism, Constitutionalism, and Democracy*, Oxford, Oxford University Press.

Hirschman, Albert (1997), *Passions and Insterest. Political Arguments for Capitalism before Its Thriump*, Princeton, Princeton University Press.

Larrañaga, Pablo (2009), *Regulación. Técnica jurídica y razonamiento económico*, Mexico, ITAM-Porrúa.

Laski, Harold (1947), *The Rise of European Liberalism. An Essay in Interpretation*, Londres, Allen & Unwin.

Laval, Christian (2007), *L'Homme Economique. Essai sur les racines du néoliberalisme*, París, Gallimard.

Lindblom, Charles (1977), *Politics and Markets. The World's Political-Economic Systems*, Basic Books, Nueva York.

Loughlin, Martin (1992), *Public Law and Political Theory*, Oxford, Clarendon Press.

MacCormick, Neil (1982), *Legal Right and Social Democracy*, Oxford, Clarendon Press.

Martin, Michael y Lee McIntyre (eds.) (2001), *Readings in Philosophy of Social Sciences*, Cambridge, MA., The MIT Press.

Postema, Gerald (1986), *Bentham and the Common Law Tradition*, Oxford, Oxford University Press.

Robbins, Lionel (1952), *The Theory of Economic Policy in English Classical Political Economy*, Londres, MacMillan.

Rosemberg, Alexander (2001), "If Economics Isn't a Science, What Is It?", en M. Martin y L. McIntyre (eds.) (2001), pp. 641- 674.

Rothshild, Emma (2001), *Economic Sentiments. Adam Smith, Condorcet, and the Enlightment*, Cambridge, MA., Harvard University Press.

Rothshild, Emma y Amartya Sen (2006), "Adam Smith's Economics" en K. Haakonssen (ed.) (2006), pp. 319-365.

Sen, Amartya (2009), *The Idea of Justice*, Cambridge, MA., Belknap-Harvard University Press.

Shaver, Robert (2006), "Virtues, Utility, and Rules", en K. Haakonssen (ed.) (2006), pp. 189-213.

Schofield, Philip (1998), "Bentham: Legislator of the World", *Current Legal Problems*, 51.

Smith, Adam (1976), *The Theory of Moral Sentiments*, Oxford, Oxford University Press.

__________, (1978), *Lectures on Jurisprudence*, Oxford, Clarendon Press.

__________, (1979), *An Inquiry into the Nature and Causes of the Wealth of Nations*, Oxford, Clarendon Press.

Teichgraeber, Richard (1986), *'Free Trade' and Moral Philosophy. Rethinking the Sources of Adam Smith's Wealth of Nations*, Durham, Duke University Press.

Wallerstein, Immanuel (1974), *The Modern World-System* (3 vols.) Nueva York, Academic Press.

Alfonso Ruiz Miguel

Doctor y licenciado en Derecho por la Universidad Autónoma de Madrid. Investigador en la Universidad de Turín y profesor visitante en el Instituto Tecnológico Autónomo de México (ITAM) de México y en la Universidad de Edimburgo. Ha sido miembro del "Comparative Legal Research Group", Bielefelder Kreis, vicerrector de Investigación de la Universidad Autónoma de Madrid desde octubre de 1996 a 1999 y secretario general desde enero de 2000 a mayo de 2002.

Doctor miembro de los Consejos de las revistas *Sistema* (Madrid), *Doxa* (Alicante), *Isonomía* (México), *Leviatán* (Madrid), *Aequalitas* (Zaragoza), *Opinión jurídica* (Medellín, Colombia]), *Isotimia* (Monterrey, México), *Revista de Ciencias Sociales de la Universidad de Valparaíso* (Chile).

Ha publicado:

Una filosofía del Derecho en modelos históricos. De la antigüedad a los inicios del constitucionalismo (Trotta, 2002).

Política, historia y derecho en Norberto Bobbio (Fontamara, 1994; 2ª ed., 2000).

El aborto: problemas constitucionales (Centro de Estudios Constitucionales, 1990, 133 pp).

La justicia de la guerra y de la paz (Centro de Estudios Constitucionales, 1988).

Filosofía y Derecho en Norberto Bobbio (Centro de Estudios Constitucionales, 1983).

Isaac M. Katz

Maestro y candidato a doctor en Economía por la Universidad de Chicago. Licenciado en Economía por el Instituto Tecnológico Autónomo de México (ITAM). Desde 1983 es catedrático de Economía en el Departamento de Economía del ITAM. Editorialista del periódico *El Economista*.

Entre 1991 y 1997 fue jefe del Departamento de Economía del ITAM. En 2003 fue distinguido por el gobierno de la República Francesa con la Orden Nacional del Mérito en grado de Caballero, y en 2005 la Asociación de Ex Alumnos del ITAM lo reconoció con la Medalla al Mérito Profesional.

Ha publicado:

¿Qué tan liberal es usted? ¿Es tan liberal como cree? (ITAM-Ediciones Coyoacán, 2009).

La Constitución y el desarrollo económico de México (Cal y Arena, 1999).

La apertura comercial y su impacto regional sobre la economía mexicana (Miguel Angel Porrúa, 1998).

La sabiduría mexicana a través de sus dichos y refranes, aplicaciones de teoría económica (El Economista, 1999).

PABLO LARRAÑAGA

Doctor en Derecho y Especialista en Comunidades Europeas y Unión Europea por la Universidad de Alicante (España), maestro en Teoría del Derecho por la Academia Europea de Teoría del Derecho, Facultés Universitaires Saint-Louis y Katholieke Universiteit Brussel (Bruselas) y licenciado en Derecho por el Instituto Tecnológico Autónomo de México (ITAM).

Profesor de tiempo completo y director de la Maestría en Derecho Administrativo y de la Regulación y del Programa de Derecho y Regulación en el Departamento de Derecho del ITAM. Es miembro del Sistema Nacional de Investigadores.
Ha publicado:

Regulación. Técnica jurídica y razonamiento económico (Porrúa, 2009).

Lectura contemporánea de los clásicos

¿Por qué leer a Alamán hoy?

Andrés Lira, Catherine Andrews, Josefina Z. Vázquez

¿Por qué leer a Bentham hoy?

José Juan Moreso, Germán Sucar

¿Por qué leer a Ferguson hoy?

Isabel Wences, José Hernández Prado, Julio Beltrán

¿Por qué leer a Mill hoy?

Mark Platts, Miguel Carbonell, Juan Carlos Geneyro

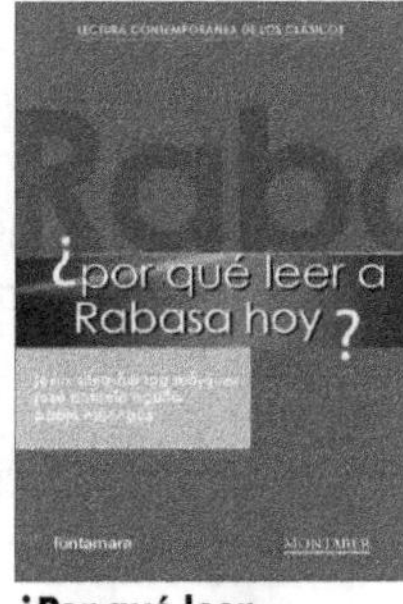

¿Por qué leer a Rabasa hoy?

Jesús Silva-Herzog Márquez, José Antonio Aguilar, Pablo Mijangos

¿Por qué leer a Rousseau hoy?

Antonella Attili, Luis Salazar Carrión, Julieta Marcone

¿Por qué leer a Tocqueville hoy?

Roberto Breña, Claudio López-Guerra, Jesús Silva-Herzog Márquez

¿Por qué leer a Weber hoy?

Nora Rabotnikof, Ulises Schmill, Gina Zabludovsky

¿Por qué leer El Federalista hoy?

Juan F. González Bertomeu, Gabriel L. Negretto, Andrea Pozas-Loyo

Otros títulos publicados

Amor platónico
Hans Kelsen

Análisis de un examen estandarizado
José Manuel Casillas Domínguez

Derechos humanos. Un camino hacia la pacificación
Julio Cabrera Dircio

Experiencias adversas de la seguridad del paciente
Rosa Ortiz Rivera

Nuestros niños sicarios
Elena Azaola Garrido

En guerra por la vida. Crisis climática y transformación social
Josep Cabayol

La práctica de la terapia como construcción social
Sheila McNamee, Emerson F. Rasera, Pedro Martins

El imperativo relacional Recursos para un mundo al límite
Kenneth J. Gergen

Ideología y opiniones Estudios de psicología retórica
Michael Billig

MONTABER Tel. +34-931 429 486 – montaber@montaber.es – www.montaber.es